心理動詞と動作動詞のインターフェイス

吉永 尚 著

和泉書院

目　次

序　章

1．はじめに……………………………………………………………1
2．本書の構成…………………………………………………………3

第1章　動詞連用形接続について

1．動詞連用形の用法分類とその基準について……………………5
2．動詞連用形の分類とそれぞれの特徴……………………………5
3．文法的成分による分類の基準……………………………………7
　3.1　「ナガラ」、「ママ」による観察………………………………9
　3.2　「そしてそれから」による観察……………………………10
　3.3　時副詞による観察……………………………………………10
　3.4　モダリティ要素による観察…………………………………11
　3.5　削除の可否による観察………………………………………13
　3.6　受身・使役などのヴォイス変化による観察………………14
4．主従節の関係性から見た用法の従属度…………………………14
　4.1　主語の一致による観察………………………………………14
　4.2　前後の入れ替えによる観察…………………………………15
　4.3　主節内要素の前置による観察………………………………16
5．テ形・マス形の相違………………………………………………17
6．主語の意味役割と従属度…………………………………………18
　6.1　テ形の用例の観察……………………………………………19

6.2　マス形の用例の観察 …………………………………………… 20
7．形容詞の連用形分類について …………………………………………… 22
　7.1　形容詞のク形の用法分類について ……………………………… 23
　7.2　形容詞のクテ形の用法分類について …………………………… 23
　7.3　形容詞連用形の用法分類の判断基準について ………………… 24
8．連用形分類と動詞分類の関係について ………………………………… 28

第2章　付帯状況を表すテ形動詞と動詞の意味分類

1．付帯用法の規定についての確認 ………………………………………… 31
2．付帯用法の下位分類 ……………………………………………………… 32
　2.1　各分類の意味特徴 ………………………………………………… 32
　2.2　他の用法との境界上にあるものについて ……………………… 35
3．各用法と動詞分類との関係について …………………………………… 35
　3.1　動詞の分類 ………………………………………………………… 35
　3.2　各用法と動詞分類の観察 ………………………………………… 36
4．付帯用法動詞の性格的特徴と各用法の境界について ………………… 39
5．先行研究の動詞分類との関係について ………………………………… 43
6．中国語との対照 …………………………………………………………… 44
7．この章のまとめ …………………………………………………………… 44

第3章　継起用法・因果用法の相違点と動詞分類との関係

1．はじめに …………………………………………………………………… 47
2．継起用法と因果用法の相違点について ………………………………… 47
　2.1　継起用法と因果用法の意味規定 ………………………………… 47
　2.2　継起用法と因果用法の相違を決定する要素 …………………… 48

2.3　さまざまなテ形節の因果用法について………………………………50
　2.4　ここまでのまとめ……………………………………………………52
3．継起用法・因果用法と動詞分類との関係について………………………52
4．中国語との対照………………………………………………………………54
5．この章のまとめ………………………………………………………………56

第4章　並列用法と動詞分類との関係

1．並列用法の意味規定…………………………………………………………57
2．他の並列成分との比較考察…………………………………………………58
　2.1　文型による許容度の観察……………………………………………58
　2.2　文型による許容度の観察結果………………………………………61
3．並列用法に選択される動詞と主語の意味役割の観察……………………61
　3.1　並列用法と動詞分類との関係………………………………………62
　3.2　並列用法と主語の意味役割…………………………………………63
　3.3　形容詞連用形並列用法の観察………………………………………63
　3.4　中国語との対照………………………………………………………64
4．この章のまとめ………………………………………………………………65

第5章　動詞連用形接続についての総括

1．用法全体のまとめ……………………………………………………………67
2．各用法の特徴…………………………………………………………………68
　2.1　付帯用法………………………………………………………………68
　2.2　継起用法と因果用法…………………………………………………69
　2.3　並列用法………………………………………………………………71
3．各用法の考察結果の総括図表………………………………………………71

第6章　心理動詞の動詞的性質について

1．心理動詞研究をめぐる問題点……………………………………………81
　1.1　心理動詞が動作動詞である論拠……………………………………82
　1.2　心理動詞の人称性についての研究の問題点………………………83
2．心理動詞の意味規定………………………………………………………84
　2.1　意味規定の境界上にあるもの………………………………………85
3．心理動詞の下位分類………………………………………………………86
4．心理動詞の項関係について………………………………………………90
5．心理動詞と意志性…………………………………………………………91
　5.1　命令文について………………………………………………………92
6．心理動詞の人称性について………………………………………………93
7．心理動詞の時間的性質について…………………………………………96
　7.1　時間性・他動性的基準からの三分類………………………………97
　7.2　三分類についての文法的性質の観察………………………………99
　　7.2.1　〈意志性〉についての観察………………………………………99
　　7.2.2　〈アスペクト性―「持続性」〉についての観察………………100
　　　7.2.2.1　A．驚く型の「持続性」について………………………104
　　　7.2.2.2　B．悩む型の「持続性」について………………………107
　　　7.2.2.3　C．信じる型の「持続性」について……………………109
　　　7.2.2.4　「持続性」の観察のまとめ………………………………112
　　7.2.3　〈アスペクト性―「限界性」〉についての観察………………114
　7.3　語彙概念構造での考察………………………………………………118
8．ここまでのまとめ…………………………………………………………120
9．外的運動動詞との比較対照………………………………………………121

	9.1	相違点	121
	9.2	共通点	126

10. 心身の状況を表す擬態語動詞について··133
    10.1 タイプごとの特徴··134
    10.2 タイプごとの特徴のまとめ··135
    10.3 タイプごとの語彙概念構造での考察··136
    10.4 動詞分類との関係とまとめ··137
11. 心理表現の日中対照··138
    11.1 心理表現の対照研究の意義··138
    11.2 心理表現の日中差··138
    11.3 中国語心理動詞と状態性··140
    11.4 中国語心理動詞と限界性··142
    11.5 心理形容詞との比較··143
    11.6 日中心理自他動詞の対照··143
    11.7 この節のまとめ··144
12. この章のまとめ··144

第7章 心理表現文の「視点」について

1. はじめに··151
2. 視点と「自分」についての先行研究··152
3. 「自分」の意味解釈についての観察··153
    3.1 複数の視点での「自分」の意味解釈··153
    3.2 先行詞のない場合の「自分」の意味解釈··154
    3.3 心理表現文における「自分」の意味解釈··156
4. 視点主体の条件に関する考察··160

5．視点の確立と文法現象との関わりについて……………………162
6．ここまでのまとめ…………………………………………………164
7．「自己」と心理表現文………………………………………………164
　7.1 「自分」と「自己」……………………………………………164
　7.2 「自己」の意味解釈についての観察…………………………166
　　7.2.1 複数の視点での「自己」の意味解釈……………………166
　　7.2.2 心理表現文における「自己」の意味解釈………………168
　7.3 「自己」の意味解釈と視点との関係…………………………170
　7.4 視点の確立と文法現象との関わりについて…………………173
8．この章のまとめ……………………………………………………174

第8章　事象認知の日中対照

1．事象認知の日中語での相違について……………………………179
2．心理（感情）表現の人称…………………………………………180
3．独語の人称…………………………………………………………182
4．事象認知の相違……………………………………………………185
5．事象認知の相違と文法現象………………………………………188
　5.1 否定形式の観察…………………………………………………188
　5.2 事象認知の相違と語彙的特徴…………………………………190
6．この章のまとめ……………………………………………………191

終章　結　語………………………………………………………193

　〈参考文献〉…………………………………………………………197
　あとがき……………………………………………………………205

序　章

1．はじめに

　動詞研究との関わりの発端は、連用形接続の用法研究であった。
　連用形の用法は多様で、また主節との関係もそれぞれ違っている。従属度の違いは統語現象に顕著に現れるが、これらの文法的な振る舞い方の差異は、それぞれの用法に選択される動詞自体の性質、つまり動詞分類と無関係ではない。動詞の性格的な違いが、各用法で選択される基準と関係しあって、連用形接続文を構成していくのである。
　連用形接続については、多くの研究があり、主節に対する従属度の序列化などに関して、多くの議論がなされてきた。しかし、連用形節に選択される動詞自体の時間的な性質を含めた意味特徴や主節動詞との整合性、主語の意味役割と動詞の時間的性質との組み合わせなどについては、まだ十分明確にされていないと思われ、動詞の接続的機能と動詞の時間的性質から見た動詞分類の接点について研究を始めることとした。
　そして動詞分類との関係性を明らかにするためには、特に心理活動を表す動詞（心理動詞）についてその動詞的本質を明確にする必要があることが判明した。
　連用形接続の付帯用法では、外的動作動詞[1]と並んで心理的な動詞も多く選択され、機能的に共通点があると思われる。また、連用形節事態の完了後、主節事態が後続する継起用法では、心理動詞は選択されにくく、選択された場合は因果用法読みに傾くこともわかった。
　従来、心理的な動詞は、運動動詞と比べ状態性が強いと判断されることが

多く、特に意志を伴わない心理動詞は運動動詞と区別して考えられることが多いように思う。

しかし、外的運動が現れるか現れないかは、動詞の本質的な意味内容にとってはあまり重要ではなく、時間軸上で何らかの活動をするという点で、動作動詞と同じ範疇に入れても差し支えないと考えられる。

動詞の性格的な分類についてはさまざまな先行研究があるが、未知の領域の残る心理動詞に関して、特にアスペクトの観点から外的動作動詞と比較することとした。そして、さらに動詞全体から俯瞰し、心理動詞の特性について何らかの結論を提示することを本研究の最大の目的としたい。

また、未解決の問題として心理動詞の人称制限があげられ、中国語や英語の表現法と比較して統語的制約が強いことが観察される。人称制限は心理動詞のアスペクト性などの動詞的性質によるものではなく、心理世界の事象を表すという性質が外的動作文との相違を引き起こしていることを検証するため、視点反射成分である「自分」を使ってこの問題に考察を加えた。

心理表現は殆どの場合、視点が経験者Experiencerに優先的に置かれるという特徴がある。心理表現特有の性質を調べるため、視点反射の観察を通して動作動詞文と心理動詞文の相違について考察を加えることとする。

また、心理表現での人称制限などの現象は日本語固有の特徴であると見なされるが、この点に関して中国語との対照を試み、日中語での相違点を調べることとする。

日本語の「自分」、中国語の「自己」という視点を反映する表現形式について観察し、事象認知の視点の相違が表現方法の相違につながり、また、文脈やフレームでの視点の移動のメカニズムの言語による違いについても考察を加える。

そして、本研究では、連用形節の観察でも立証されるように心理動詞は動詞的性質に於いては外的動作動詞と同質であり、人称制限などの現象は心理世界の事象を表すという事に起因し、日本語の表現習慣や事象認知の特性によるもので、動詞的性質自体とは別の次元の問題であるということを明確に

することをもう一つの目的としたいと思う。

2．本書の構成

　前節で述べた問題点について考察を加え明らかにするために、第1章では、連用形用法の分類とそれぞれの従属度について考察し連用形接続の各用法の基本的統語現象を調べ、以下、各用法について動詞的性格との関係を詳しく調べていくこととする。
　第2章では付帯用法について、第3章は継起用法と因果用法について相違点を中心に、そして第4章では並列用法について、それぞれの用法の特徴と心理動詞・動作動詞などの動詞的性質との関係を詳しく調べる。
　そして、第5章では、各用法の動詞的性格を総括し、構造的分析を試みることとする。
　ここまでの研究で、連用形接続とそれに選択される心理動詞・動作動詞などの動詞分類との関係を考察し、心理動詞が動作動詞と時間的性質において共通する具体的事実を確認したいと思う。
　第6章では、心理動詞について様々な観点から考察を加え、動詞全体から俯瞰して何らかの結論を提示することを目的とし、心理動詞に焦点を当てて考察を進めることとする。そして、これまでの動詞研究をまとめ、筆者なりの動詞分類についての考えを導くこととしたい。
　次に、第7章では人称制限など日本語の心理動詞の特殊性の原因となっている現象を視点という概念を通して日本語と中国語で観察し、その現象が心理世界の事象であり、日本語の表現習慣に起因している現象であって、アスペクト性などの動詞本来の性質とは別の次元の問題であることを述べる。
　第8章では、日本語の人称制限など固有の現象が日本語話者の事象認知の仕方と関わっていることを、中国語との対照を通して観察したいと思う。
　終章では、本研究のまとめとして動詞分類や連用形節との関係、心理動詞と動詞分類における位置付け、心理表現文での視点の優位性などについても

う一度概観し、総括したうえで、今後の課題として残された問題点について考えたいと思う。

注
1） 本研究での動詞分類についての呼称は、動詞全体を状態動詞と運動動詞に分け、運動動詞のうち、限界性を含意しないものを動作動詞（活動動詞）とした。心理動詞はこの範疇に入るものと考えるが、心理動詞とそれ以外の外的動作を表すものを区別するため、特に外的動作動詞という呼称を使用することとした。

第1章　動詞連用形接続について

1．動詞連用形の用法分類とその基準について

　動詞の連用形（テ形、マス形）[1]は、節をつないで文を拡張し、いろいろな機能をもつ形式であるが、前後の節を結び付ける統語的な働きはあっても、それ自体は明確な意味を表さないという特徴を持ち、他の「〜ナラ」「〜バ」「〜ナガラ」などの形より前後関係の判断がつきにくい。しかし、連用形には多種多様な用法があり、それぞれの用法について、意味的統語的な特徴がある。これは各用法に選択される動詞分類とも相関している。
　動詞分類との関係を効率的に調べるために、これらの連用形による接続の用法を分類することとし、テ形節を七分類、マス形節を三分類して、それぞれの機能について観察することとする[2]。考察の方法として、従属節の主節に対する依存度（従属度）を測定し、その結果をもとに分類整理する。測定の基準として「主節末がとりうるモダリティ」などの統語的基準や、「主節・従属節間の意味を成立させる要素」などの意味的側面に関する基準を設定した。これらの要素が相互に関連しながら緊密に節同士が結合して文を構成するものを従属度の高い連用形、これらの要素間にあまり関係がなく、節同士の緊密な結合もみられないものを従属度の低い連用形とする[3]。

2．動詞連用形の分類とそれぞれの特徴

　前節の基準による測定結果を参考に、テ形は七分類、マス形は三分類することとした。

テ形は従属度の高いものから順に、テ１、テ２、テ３、テ４、テ５、テ６、テ７と呼ぶこととし、マス形は、同じく従属度の高いものから順に、シ１、シ２、シ３と呼ぶこととする。

各分類について、簡単にそれぞれの特徴を記述する。

〈テ形〉

テ１）「歩いて学校へ行く」の様に、継起や因果関係を表さず、主節動詞に完全に従属して主語の動作・状態を叙述するもの。同時的並存。いわゆる「付帯」の下位分類の、従属度のより高いもの。副詞化が進んでいる。次のテ２は「～ながら」「～まま」に置き換えができるが、テ１は置き換えができない。

テ２）「泣いて謝った」などの様に、「～ナガラ」に置き換えが可能のものや、「しゃがんで絵を描く」の様に、「～ママ」に置き換え可能のもの。「付帯」の下位分類の、従属度のより低いもの。

テ３）「封を切って手紙を読んだ」の様に、従属節の事態が生じ、完全に完了した後に別の事態が生じ、完了するという、時間的前後関係を持つ継起的な複数の事態を表す典型的なもの。いわゆる「継起」を表す用法。

テ４）「その年の直木賞を受賞してベストセラーになった」のようにテ３の「継起」と、次に示すテ５の「因果」のどちらともとれる、中間的なもの。文脈がなければ判断がつかないもの。

テ５）「相手の電話番号を忘れて困った」の様に、従属節の事態が主節の事態の原因や理由になる、「因果」の典型的なもの。心理状態の変化を表す場合、因果的に解釈され易い。

テ６）「遠足で三年生は奈良に行って、五年生は京都に行った」の様に、ある意味的範疇に属する要素を、それらの生じた時間の順番に関係なく、並列的に並べたもの。いわゆる「並列」の用法。

テ７）「はっきり言って」「正直に言って」「カッコつけて」など、従属節自体の本来の意味が形骸化し、透明性を失っているもの。モダリ

ティ成分のような働きをし、形態が固定化しているのが特徴である。この用法は、節同士の関係の緊密さ（従属度）が非常に低く、むしろ、テ形節というよりは他の成分に近くなっている。

また、「～ておく」「～てくる」「～てもらう」などの複合動詞については考察の対象から外した。

〈マス形〉

シ１）「初めに頭を作りそれに髪の毛を付けた」の様に、時間的前後関係によって結び付けられた複数の事態を表す。「継起」の用法。

シ２）「進んだ機械を使い作業が楽になりました」の様に因果関係によって結び付けられたもの。「因果」の用法。

シ３）「その時校長は田中氏であり、教頭は鈴木氏でした」の様に継起・因果などの関係にない複数の事態を並列的に並べたもの。「並列」の用法。

以上、テ形は七分類、マス形は三分類し、多様な用法を整理するための便宜的なカテゴリーとする。次に、分類の基準となった文法的成分について記述を加える。

3．文法的成分による分類の基準

分類の基準として以下の様な文法的成分による観察を行った。

まず、「ナガラ」「ママ」の様な同時性を表す成分が従属節末に付加できるか、主従節間に継起を表す接続詞が挿入できるか、主従節で異なる時間を表す時副詞と共起できるかなどを判断基準として設定した。また、文末に「命令」の「ナサイ」、「勧誘」の「シヨウ」など、「否定」の「ナイ」、「禁止」の「ナ」などのモダリティ要素類が付加された場合、従属節まで作用域が及ぶか、そして連用形節が削除されても命題内容に影響を与えず文意が成立するか、最後に「受身」「使役」「尊敬」「授受」などの要素が主従節内でそれぞれ生起可能かどうかを判断基準とした。調査の対象とする用例は文の構造

において、第一次成分（直接構成要素）となっている句に限り、他の従属句や連体修飾句の中に含まれているものは除いた。また、モダリティ要素は人称と関係するので、主従節で主語が一致している場合で調査した。テ7は、モダリティ成分として、他の分類と全く異なった機能を持つので、測定の対象から外した。測定基準のうち、「命令」「依頼」、「ナイ」「ナ」の「否定」「禁止」の要素付加のテストは加藤（1995）を参考とし、これらの判断基準で測定した結果を表1に示す。（○は容認性が高いことを示し×は容認性が低いことを示す。同じ欄に両方のマークがあることは容認される場合とされない場合が併存していることを示している。）

表1：文法的成分による観察

	ナガラ	ママ	ソシテソレカラ	時副詞	命令	依頼	ナイ	ナ	削除可	受身使役
テ1	×	×	×	×	○	○	○	○	○	○
テ2	○×	○×	×	×	○	○	○	○	○	○
テ3	×	×	○	○	○	○	○	○	×	○
テ4	×	×	○×	○×	×	×	○×	×	×	×
テ5	×	×	×	×	×	×	×	×	×	×
テ6	×	×	×	×	×	×	×	×	×	×
シ1	×	×	○	○	○	○	○	○	×	○
シ2	×	×	×	○×	×	×	×	×	×	×
シ3	×	×	○	○	×	×	×	×	×	×

　表に示す様に、テ3・シ1（継起用法）、テ4・テ5・シ2（因果用法）、テ6・シ3（並列用法）は非常に類似した測定結果となり、テ形、マス形両形の従属節の機能の接点があることが予測される。（テ4は中間的用法であるが、ここでは因果用法の性質が強いと判断する。）

　また、テ1、テ2は従属度の点で、明らかに他の用法と全く違った振る舞いをすることが観察される。

以下、表1の基準項目ごとに判断材料となった例文を交えながら、測定結果についてもう少し詳しく記述説明を加えることとする。

3.1 「ナガラ」、「ママ」による観察

テ2で「ナガラ」に置き換えられるものは、動詞として、主動詞に完全には一体化していないということで、動作の独立性がまだ残っているということである。テ1の「歩いて帰る」は「＊歩きながら帰る」とはならない[4]。

これは、「歩く」と「帰る」が切り離せないからであろう。

それに対し、「笑って頷く」は「笑いながら頷く」と言い換えられる。「笑う」は「頷く」と、テ1ほど緊密な関係は有していないからである。

「ママ」については、従属節末が「～たまま」に置き換えられるかを観察した。一般に「様態動詞」と呼ばれている姿勢や状態を表すもの（立つ、座る、しゃがむ、うつぶせる）は殆どこの形をとることができる。テ1は完全に主動詞と一体化して、他の要素と置き換えられないのに対して、テ2は従属度がテ1より低く、したがって「付帯」の用法が下位分類される必要性を示している。

また、テ2以外の用法では、「ナガラ」「ママ」は全く共起しない。付帯用法は前述したように、従属度が高いという点で他の用法とは大きく異なった性質を持つと思われる。

テ2（付帯用法）とテ3（継起用法）との境界上にあるものとして、再帰性の動詞が挙げられる。これらの動詞は「～ている」の読みが、主体動作に傾く「動作持続」と主体変化に傾く「結果残存」の二通りの解釈ができるが、この様な性質が用法解釈の揺れに繋がっている。

（1）　白いドレスを着て展覧会に行った。

の様な再帰動詞節では、主体動作読みが強い場合は「継起用法」、主体変化読みが強い場合は「付帯用法」に解釈が揺れる。この様な文の例として「コートの襟を立てて出て行った」「帽子を被って外出した」などが挙げられる。

3.2 「そしてそれから」による観察

　各用法で、この継起性・並列性をもつ接続詞が主従節間に挿入可能かを見た結果、テ3、シ1（継起用法）とテ6、シ3（並列用法）以外は挿入できないことが観察された。

　（2）　太郎は田中君の家に<u>行って（行き）</u>、そしてそれから中川君の家に行った。（継起用法）

　（3）　太郎は東京に<u>行って（行き）</u>、そしてそれから花子は京都に行った。（並列用法）

は許容されるが、「財布を家に<u>忘れて（忘れ）</u>非常に困った」（因果用法）では、

　（4）　＊財布を家に<u>忘れて（忘れ）</u>そしてそれから非常に困った。

などのように許容されない。また「<u>しゃがんで</u>絵を描いた」（付帯用法）に挿入すると、「<u>しゃがんで</u>そしてそれから絵を描いた」の様に強制的に継起解釈に読みが傾く。これは、この成分の持つ継起性に影響を受けるためであろう。しかし、この結果は、両用法と他の用法との弁別を明確にすることの判断材料となっていると思われる。

3.3 時副詞による観察

　異なる時間の時副詞が、主従節でそれぞれ共起可能かについて観察した結果、テ1、テ2以外では殆ど許容されることがわかった。付帯状況を表すテ形節では、主従節が同時事態であるという制限があり、異なる時間軸での事態が許容される他の用法とは大きく異なる。（時副詞部分をイタリック体で表記する）

　（5）　＊*さっき*歩いて*今*学校に行く。（付帯用法）

では許容されないが、

　（6）　太郎は*7時*に<u>起きて（起き）</u>*8時*に学校に行く。（継起用法）

　（7）　*昨夜*台風が<u>接近して（接近し）</u>*今朝*警報が出た。（因果用法）

（8）　去年太郎はアメリカに行って（行き）、今年次郎はヨーロッパに行く。（並列用法）

などでは許容される。時間的な同時性を必要とするということは、従属度が高いということと関係している。

3.4　モダリティ要素による観察

次に、主節末に表れるモダリティ要素が、どの範囲の命題を作用域とするかを観察し、主従節関係の緊密度（従属度）を測定した結果について述べる。まず、判断材料となる各分類の例文を下に挙げる。

（9）　テ1）自転車に乗って学校に行く。
（10）　テ2）ラジオを聞いて勉強する。
（11）　テ3）屋根に登ってアンテナを直す。
（12）　テ4）高く上がって天井に届いた。
（13）　テ5）真相を知ってひどく落ち込んだ。
（14）　テ6）空手の試合は型試合は一回戦で負けて組み手試合は準優勝した。

これらの例文の文末に命令・勧誘などのモダリティ要素を置き、作用域がどこまで及ぶかを観察し、従属度測定の判断基準とした。次に各文末にモダリティ要素を置いた場合の文を示す。

（15）　テ1）［自転車に乗って学校に行］け・こう。
（16）　テ2）［ラジオを聞いて勉強し］ろ・よう。
（17）　テ3）［屋根に登ってアンテナを直］せ・そう。
（18）　テ4）？［高く上がって天井に届］け・こう。
（19）　テ5）＊［真相を知ってひどく落ち込］め・もう。
（20）　テ6）＊［空手の試合は型試合は一回戦で負けて組み手試合は準優勝し］ろ・よう。

テ1～3はモダリティの作用域が従属節まで及ぶが、テ4～6では、この解釈は許容されない。また、「落ち込む」が命令・勧誘と少しそぐわないと

思われるため、主節動詞を「裁判所に訴える」に替えても、

(21) テ5) ＊［真相を知って裁判所に訴え］ろ・よう。

の様に、やはり許容度が低い。また、テ6では、

(22) テ6) ？空手の試合は型試合は一回戦で負けても［組み手試合は準優勝し］ろ・よう。

の様にテ形節を切り離すと、モダリティの作用域が主節の範囲内に限定されるので、許容度が上がる。

次に「否定」「禁止」の要素を文末に置いた例文を示すこととする。

(23) テ1)［自転車に乗って学校に行］かない・くな。

(24) テ2)［ラジオを聞いて勉強］しない・するな。

(25) テ3)［屋根に登ってアンテナを直］さない・すな。

(26) テ4) ＊［高く上がって天井に届］かない・くな。

(27) テ5) ＊［真相を知ってひどく悩］まない・むな。

(28) テ6) ＊［空手の試合で型試合は一回戦で負けて組み手試合は準優勝］しない・するな。

やはり、テ1～3ではモダリティの作用域が従属節まで及ぶが、テ4～6では、この解釈は許容されない。特にテ6では、許容度が低いことが観察される。

モダリティの作用域が従属節にまで及ぶということは、主従節関係の緊密度（従属度）が高いということであり、テ1～3では従属度が高く、テ4～6では従属度が低いことがわかる。また、マス形でも同様の測定結果が示され、シ1は従属度が高く、シ2、シ3は低いということがわかった。（例文省略）

また、因果用法のテ4・テ5・シ2は主節句に命令・勧誘・禁止などの積極的意志をもつモダリティが生起できない。他の因果関係を表す成分「カラ」「ノデ」等と比べ、連用形の因果用法は独立性が低く、強い因果関係で接続することが出来ないので他の要素、モダリティ成分などが付加されると、因果関係を保持することが出来ず、このような結果になると判断される[5]。

テ4はテ3、テ5の中間的な許容度を示しており、従属度がこれらの中間にあることを示唆している。テ6、シ3は主節と自由な並列関係で繋がっており、文末のモダリティ成分の作用域は従属節までは及ばず、従属度は全ての分類で最も低いと判断される。

更に、従属節末に主節と異なるモダリティ成分を置いた場合、許容されるかどうかについての判断材料となった例文を次に示す。

(29) テ1）＊［自転車に<u>乗る</u>らしくて］学校へ行く。
(30) テ2）＊［ラジオを<u>聞く</u>かもしれなくて］勉強する。
(31) テ3）＊［屋根に<u>登る</u>みたいで］アンテナを直す。
(32) テ4）？［高く<u>上がった</u>らしくて］天井に届いた。
(33) テ5）［真相を<u>知った</u>かもしれなくて］ひどく悩んだ。
(34) テ6）［空手の試合は型試合は一回戦で<u>負けた</u>そうで］組み手試合は準優勝した。
(35) シ1）＊［屋根に<u>登った</u>らしく］アンテナを直す。
(36) シ2）［真相を<u>知ったらしく</u>］ひどく悩んだ
(37) シ3）［英語は<u>出来る</u>らしく］理科は弱いみたいだ。

以上の結果が示すように、モダリティ成分が生起可能であるのは、テ5、テ6、シ2、シ3の、従属度の低いものに限られる。
これらのモダリティ要素による観察からも、分類によって、その性質は大きく異なることが判明した。

3.5 削除の可否による観察

連用形節を削除しても、命題内容に影響を及ぼさないかどうかを観察し、主節への従属度の強さを見た結果、次のようなことがわかった。

テ1、テ2など、従属度の強い、つまり主節の命題内容が支配的である節の場合では、削除しても意味に大きな違いはない。「<u>歩いて学校に行く</u>」「<u>ラジオを聞いて勉強する</u>」など、主節動詞の動作が最終的に命題内容を決定するので、付帯的な説明部分は削除できる。

しかし、「切符を買って電車に乗った」「病気になって学校を休んだ」「太郎は東京に行って花子は京都に行った」では、前節の削除により、命題内容にいくらかの影響があると思われる。つまり、影響の強さのレベルが違うのである。

3.6 受身・使役などのヴォイス変化による観察

次に各節のヴォイス変化による影響を見て、従属度を観察した。
(38) テ１）歩か<u>せて</u>学校に行か<u>せる</u>。
(39) テ２）ラジオを聞か<u>せて</u>勉強<u>させる</u>。
(40) テ３・シ１）昼食を買わ<u>せ</u>（て）学校に行か<u>せる</u>。
(41) テ５・シ２）父親に死な<u>れ</u>（て）学校を退学<u>させられる</u>。
(42) テ６・シ３）太郎に退学<u>され</u>（て）花子に休学<u>される</u>。

の様に、各分類ともほぼ自由にヴォイスの変換ができ、このテストでは、従属度の高低が結果に反映していない。

以上、統語的、意味的な側面から連用形節の各分類（用法）の従属度を主に観察した結果、テ１、テ２、テ３、テ４、シ１の「付帯」「継起」の用法では前から順に従属度が高いことがほぼ判明した。しかし、テ５、テ６、シ２、シ３の「因果」「並列」の用法では、以上の結果だけでは、従属度の高低が見極めにくい。

そこで、更に、節間の意味関係に関わる三項目の判断基準から、これらの用法の従属度を観察することとする。

4．主従節の関係性から見た用法の従属度

4.1 主語の一致による観察

主節と従属節で異なる主語が許容されるかどうか、つまり主語の一致が必要かどうかについて観察する。例文は前節で記述したものを挙げる。
(43) テ１）＊太郎が<u>歩いて</u>花子が学校へ行く。

(44) テ2）＊太郎が泣いて花子が謝った。

などの様に、付帯用法では許容されない。しかし、

(45) テ3・シ1）太郎が封を切って（切り）花子が手紙を読んだ。

(46) テ4）太郎がその年の直木賞を受賞して著書がベストセラーになった。

(47) テ5・シ2）太郎が相手の電話番号を忘れ（て）みんなが困った。

(48) テ6・シ3）遠足で三年生は奈良に行って（行き）、五年生は京都に行った。

のように、継起、因果、並列用法では許容される。

以上から、主従節間の緊密な付帯用法では、やはり従属度が非常に高いことがわかる。

4.2 前後の入れ替えによる観察

主従節の事態を前後反対にして命題内容に影響がでるかどうかを見て、内容の独立度を観察する。（談話上の単なる倒置ではなく事態の倒置を設定する。）

(49) テ1）＊学校へ行って歩く。

(50) テ2）＊謝って泣く。

(51) テ3・シ1）＊手紙を読んで封を切る。

(52) テ4）？ベストセラーになってその年の直木賞を受賞した。

(53) テ5・シ2）＊困って相手の電話番号を忘れた。

などの様に、付帯、継起、因果用法では許容されない。しかし、

(54) テ6・シ3）遠足で五年生は京都に行って、三年生は奈良に行った。

の様に、並列用法では許容される。

この用法では、節間の独立度が高く、より自由に異なる事態を並べて述べることができる。この観察により、因果用法より並列用法が、いっそう節内容の独立性が高い、つまり従属度が低いことがわかる。

4.3 主節内要素の前置による観察

　主節内の目的語などの要素を文頭に前置して、意味関係が保持できるかを観察し、節間の緊密度を見る。

(55)　テ１）学校へ<u>歩いて</u>行く。（<u>歩いて</u>学校へ行く）

(56)　テ２）誤解を<u>泣いて</u>謝った。（<u>泣いて</u>誤解を謝る）

などの様に、付帯用法では許容される。しかし、

(57)　テ３・シ１）？手紙を<u>封を切って（切り）</u>読んだ。（<u>封を切って（切り）</u>手紙を読んだ）

(58)　テ４）？売上が<u>直木賞を受賞して</u>伸びた。（<u>直木賞を受賞して</u>売上が伸びた）

(59)　テ５・シ２）＊連絡先が相手の電話番号を<u>忘れ（て）</u>分からない。（相手の電話番号を<u>忘れ（て）</u>連絡先が分からない）

(60)　テ６・シ３）＊京都に遠足で三年生は奈良に<u>行って（行き）</u>、五年生は行った。（遠足で三年生は奈良に<u>行って（行き）</u>、五年生は京都に行った。

のように、継起、因果、並列用法では、順に許容度が落ちる。

　付帯用法では従属度が高いので緊密に主節事態と関係し、要素を取り出せるが他の用法ではそれができない。以上の三項目で観察した結果を表２にまとめる。（主語の一致が必要な場合、前後入れ替えができる場合、要素前置ができる場合を〇、そうでない場合を×で表すこととする。〇×両方のマークは文意によって必要・不必要に分かれる場合があることを示す。）

　坪本（1995）では、一般に認知文法的な類像性が高い場合、つまりふたつの文（事態）の意味関係が緊密であるほど構文的に一体化するという指摘がある。

　テ１、テ２では緊密に関係しあった複合性、テ３、シ１では時間軸上に並ぶ継起性、テ４では継起的因果性、テ５、シ２では因果性、テ６、シ３では自由な並列性が見られ、従属度の高い順に階層を成しているということが言えるであろう。

表2：主従節の関係性による観察

	主語の一致	前後入れ替え	主節内要素の前置
テ1	○	×	○
テ2	○	×	○
テ3	○×	×	×
テ4	○×	×	×
テ5	○×	×	×
テ6	○×	○	×
シ1	○×	×	×
シ2	○×	×	×
シ3	○×	○	×

（主語の一致については加藤（1995）を参考にした）

　また、すべての階層において、内部は均質ではなく境界に近い中間的なものを有し、層状構造を成していると思われる。
　（1）の様な用法分類の揺れは、動詞的性格によって、あるいは名詞句、副詞成分などの構成要素によって生じると思われる。

5．テ形・マス形の相違

　言語学研究会のなかどめ形（連用形）についての一連の研究では、第一なかどめ形（マス形）は並列的性格、第二なかどめ形（テ形）は従属的性格が強いとされている。しかし、その特徴を有しながらも、テ3・シ1の継起用法、テ4・テ5・シ2の因果用法、テ6・シ3の並列用法は、各種の測定結果で文法的振る舞い方が非常に似通っている。
　表1・2の測定結果では、殆ど両形で相違が見られないが、やはり、テ形節の従属性は語感的な点で際立っている。例えば付帯用法ではテ形節に限られる。

(61) テ1) 太郎は走って家に帰った。

上の例文をマス形に替えると、

(62) ＊太郎は走り家に帰った。

の様に許容度が低い。

　日本語教育では、テ形節は談話で主に使用され、マス形節は文章表現で主に使用されると大別している。このような文体的な相違も、従属度に影響を与えていると思われる。

　よって、両形で従属度を比較するならば、やはり、テ形の方が従属度が高いと考えられるであろう。

　また、テ3とテ5の中間的カテゴリーとしてテ4を設定したが、シ1とシ2の中間的な分類は、明確な分化が認められず、カテゴリー化しなかった。

　また、テ7「はっきり言って」のようなモダリティ成分がマス形には見られない。これらは、従属節として命題を構成する機能を失い、文全体を修飾する陳述的要素となっており、従属度は最も低いと思われる。テ形の談話的な性質が影響して、この様な用法が分化していったものと思われる。

　以上、両連用形を統合して、従属度の高いものから順に列挙すると、

　　テ1―テ2―テ3―シ1―テ4―テ5―シ2―テ6―シ3―テ7

の様な階層が一応成立すると思われる。

　ここまでの従属度に関する考察で、テ1、テ2の付帯用法が最も高く、テ6、シ3の並列用法の従属度が最も低いことがわかった。

　しかし、テ4などの継起、因果用法の中間に位置するものについてはその従属度があまり明確ではない。

　これらの用法で、更に従属度を明確にするために、主語の意味役割の違いについても観察することとする。

6．主語の意味役割と従属度

　テ3、シ1、テ4、テ5、シ2の従属度を明確にするために、主語の意味

役割（θ-role）を観察する。

　主従節の主語の意味役割が同じか異なっているかによって、節間の関係に違いが生じると思われるからである。

　主語の意味役割（θ-role）を次の様に分類する。

　　Agent — A （動作主）：意志で制御できる行為の動作主格
　　agent — a （動作主）：（A）より弱い意志による行為の動作主
　　Experiencer — E （経験者）：心理動詞などを述語に持つ場合の主語
　　Patient — P （被動作主）：主語が動作により影響を受ける場合
　　Cause — C （動機者）：積極的な意志なく為される行為などの動作主
　　Object — O （対象者）：状態変化を示す非心理動詞の主語や移動実体
　　Theme — T （主題者）：移動や状態変化を受けるもの

　次に主従節の主語の意味役割（θ-role）の組み合わせについて調べる。（主語の意味役割の調査については宗田（1991）を参考とした。）

　調査対象となった例文の一部を示す[6]。

6.1　テ形の用例の観察

〈同一主語の場合〉

テ3

(63)　友人は突然アッと叫んで膝を叩いた。（あ）a/a（以下、用例の略号については用例出典に記載）

(64)　そこへ宮子が二階から降りて来て甲谷の傍の椅子へ来た。（上）A/A

(65)　七瀬とヘンリーは廊下に出て、部屋を振り返った。（七）A/A

テ4

(66)　彼は自分ながら初心者らしい心持ちになってもうその方を見られなかった。（暗）E /E

(67)　雨水で重くなってきて、ドサリと落ちたのだろう。（あ）T/T

テ5

(68) 「その時はその時や。おれは兵隊で死んで結構なんや。」（海）O/E

(69) 僕は驚いてその木版を火の中に投げ入れた。（ソ）E／A

(70) 「かように申しますのも私が農工商を兼ねた家より華岡へ嫁してわが身が医家にふさわしからぬのを身にしみて悟っているからでございますのよし。」（華）O/E

〈異主語の場合〉

テ3

(71) やがて、一年前の体験とそっくり、顔が裏返しになって、いつの間にか全身殆ど植物になっている。（デ）O/O

(72) 女は門の内側のアカシアの茂みの中に消えて、自動車は走り去った。（飢）T/T

テ4

(73) すべてがとんとんと運んで、間もなく私はその呉服店の外商員の中の稼ぎ頭になってしまっていた。（新）T/O

テ5

(74) 壁ぎわに、小さな穴が開いていて、ねずみがそっとこちらを窺っているらしい。（飢）O/a

(75) その日女はシュスの短い袖なしの支那服を着て、肩と脛の全部が露わだった。（飢）a/O

以上の用例観察から、テ3では、同一主語の場合、異主語の場合で、共に同じ意味役割のものが選択されるが、テ5では、意味役割の組み合わせは様々である。テ4は意味役割が同じ場合と異なる場合が併存している。次にシ1、シ2のマス形の用例を観察する。

6.2 マス形の用例の観察

〈同一主語の場合〉

シ1

(76) 人間の腸や肝臓をねらって人の姿に化け、転校してきたんですよ。

(新) A/A

(77) シャベルで黒土を掘り返し、掘った土を傍らに捨てる。(海) A/A

シ2

(78) 索勘は身内に煮えたぎるような烈しい怒りを感じ、洪水への突撃を決意した。(洪) E/A

(79) 敵は大いに驚き、神明の致すところとして退散した。(楼) E/a

〈異主語の場合〉

シ1

(80) 老人は顔をそむけてしゃがみ、おれは振り向かずに歩き出した。(水) a/A

(81) 風が吹き荒れたためもあったが、築地は崩れ、路地という路地には灰の様な砂が積もった。(楼) O/O

シ2

(82) この国に入るところに、沙漠が横たわっており、班超はそこで熱風のために三人の部下を失った。(異) O/P

(83) それでは日中の道中になり、お天道様の熱で魚が腐るのさ。(新) O/O

　以上の用例が示す通り、テ形の場合とほぼ同様の結果となった。

　意味役割が同質の主語を取るということは、事象の質的統一が要求され、節間の結びつきを緊密にしているということであり、主語の選択に何らかの制限があることが推測できる。従属度の高いテ1、テ2では主従節で同一の主語でなければならないという制約があるが、この場合も同様に、従属度の影響があると思われる。つまり、テ3、シ1の継起用法では、主従節で同じ意味役割が選択されるが、これは、この用法の従属度の高さを意味している。テ5、シ2では、意味役割が様々であり、必ずしも一致する必要がないことを示しており、より従属度が低いと言えるであろう。テ4はやはり両者の中間的な位置にあると言えるであろう。

　また、因果用法で経験者主語Experiencerをとるものが多い、つまり心理

動詞が多いように見られることも特徴として挙げられるであろう。連用形接続は「から・ので」などの接続詞を用いた因果文より、それほど接続力が強いとは言えないので、因果文などの視点的統一が必要な場合には、視点への共感が強い心理表現文が合致するからと思われる。この点に関しては後述したいと思う。

以上、継起用法が因果用法より、従属性が高いことを主語の意味役割の観察により論じた。

次に、動詞連用形の用法の性質を更に側面から調べるために、形容詞についても連用形の用法を観察し、比較することとする。

7．形容詞の連用形分類について

形容詞については西尾（1972）の形容詞の記述研究において動詞との共通点、相違点が詳しく述べられている。

概略は日本語の形容詞は単独で述語になることができ、叙述の力を備えている点で文法的性格が動詞に近いが、動詞に見られる様な多様な格関係はなく、形容詞における格支配ははるかに少ない。

また、動詞の表す過程は、時間の上に展開されるので、動詞が過程のどの部分・段階を表すか、またどの様な結果が生じるかという様な観点がある。有意的動作の場合、意図・目的も問題になりうる。この様な項目のうち、形容詞はその表す性質・状態の主体だけが、主要なものとしてあるだけである。

また、高橋（1995）では、日本語の形容詞はテンス（高かった）、ムード（高いだろう）は持つが、動きがないためアスペクトがないとしている。したがって連用形節の分類において、動詞と形容詞では、その性質にかなり相違があると考えられる。

ここでは、考察の手掛かりとするために、動詞の場合と同様にいくつかの用法を抽出・分類し、統語的・意味的な基準をもとに、クテ形（動詞テ形に対応）をクテ１、クテ２に二分類し、ク形（動詞マス形に対応）をク１、ク

２、ク３に三分類する。

　動詞の場合と異なり、種類は少ないが、比較的明確に用法を分類することができる。動詞の場合と同じ様に従属度の高いものから順に、ク形はク１、ク２、ク３、クテ形はクテ１、クテ２の様に並べることができる。

　各分類の説明と、判断の基準となった要素を次に示す。また、この節では、イ形容詞、ナ形容詞という呼称で語尾が「イ」で終わるものと、いわゆる形容動詞を分類して呼ぶこととする。

7.1　形容詞のク形の用法分類について

　形容詞の連用形のうち、「〜ク」の形をとるものの用法を分類する。

　　ク１）「太郎は烈しくドアを叩いた」の様に、「太郎がドアを叩いた」という主節の内容を下線部が補足説明している、いわゆる付帯の用法。連用修飾語として副詞的成分となっているが、節とみなされるかどうかという問題は今後の課題としたい。ここでは便宜的に副詞的な連用修飾節として分類する。ナ形容詞（形容動詞）では、「花子は静かに席を立った」の様な用法。

　　ク２）「このブドウは酸っぱく食べられない」の様な、いわゆる因果用法。ナ形容詞の場合は、「＊この仕事は危険に嫌がられている」の様に非文となる。

　　ク３）「くに子の部屋は広く、きちんとしていた」の様な、いわゆる並列用法。ナ形容詞の場合は、「＊くに子の部屋は静かに、きちんとしていた」の様に、ク２同様、非文となる。

7.2　形容詞のクテ形の用法分類について

　形容詞の連用形のうち、「〜クテ」の形をとるものの用法を分類する。

　　クテ１）「このブドウは酸っぱくて食べられない」の様な、いわゆる因果用法。ナ形容詞の場合は、「この仕事は危険で嫌がられている」の様に「デ」と変化する。

クテ2）「くに子の部屋は広くて、きちんとしていた」の様な、いわゆる並列用法。ナ形容詞の場合は、「くに子の部屋は静かで、きちんとしていた」の様に、クテ1同様、「デ」となる。

ク1の「烈しく」を「烈しくて」、「静かに」を「静かで」と置き換えると両者とも非文になり、形容詞の付帯用法では、動詞と反対にテ形に対応する連用形が選択されず、マス形に対応する連用形が選択される。この点で、動詞・形容詞の連用形の用法は対称ではない。また、動詞連用形には存在する継起用法が、形容詞の場合にはこれに匹敵する用法が見られない。これは、形容詞表現の場合、ある性質・状態が終わってから次の性質・状態に続くということになり、常識では考えにくいからであろう。また、ク2、ク3では、イ形容詞のみ用法が見られ、ナ形容詞では非文になる。この点で、両形容詞は対称ではない。これらの観察結果を表3に示す。

表3：形容詞連用形の用法

	付帯	因果	並列
ク形	ク1（イ）（ナ）	ク2（イ）	ク3（イ）
クテ形		クテ1（イ）（ナ）	クテ2（イ）（ナ）

以下、これらの分類の根拠となった、統語的・意味的な判断基準について説明記述することとする。また、動詞連用形のテ7に対応するような、モダリティ副詞化したものについては、考察の対象から外す。動詞の場合より固定化が進み、副詞そのものとなってしまっていると思われるからである。

7.3 形容詞連用形の用法分類の判断基準について

動詞連用形で用いたテストの様な、文法的成分や節間の関係性による判断基準をいくつか考え、各用法の例文で観察する。
〈主従節間にソレデが挿入できるかどうか〉

ク形
- (84) ク1）＊「太郎は烈しくソレデドアを叩いた」（イ）
- (85) ク1）＊「花子は静かにソレデ席を立った」（ナ）
- (86) ク2）「このブドウは酸っぱくソレデ食べられない」（イ）
- (87) ク3）「くに子の部屋は広くソレデきちんとしていた」（イ）

クテ形
- (88) クテ1）「このブドウは酸っぱくてソレデ食べられない」（イ）
  「この仕事は危険でソレデ嫌がられている」（ナ）
- (89) クテ2）「くに子の部屋は広くてソレデきちんとしていた」（イ）
  「くに子の部屋は静かでソレデきちんとしていた」（ナ）

〈主従節で異主語を取りうるかどうか〉
ク形
- (90) ク1）＊「太郎は烈しく花子はドアを叩いた」（イ）
- (91) ク1）＊「花子は静かに太郎が席を立った」（ナ）
- (92) ク2）「このブドウは酸っぱく私は食べられない」（イ）
- (93) ク3）「くに子の部屋は広く、太郎の部屋はきちんとしていた」（イ）

クテ形
- (94) クテ1）「このブドウは酸っぱくて私は食べられない」（イ）
  「この仕事は危険で皆嫌がっている」（ナ）
- (95) クテ2）「くに子の部屋は広くて、太郎の部屋はきちんとしていた」（イ）
  「くに子の部屋は静かで、太郎の部屋はきちんとしていた」（ナ）

〈主従節が前後入れ替えできるかどうか〉
ク形
- (96) ク1）＊「太郎はドアを叩いて烈しい」（イ）
  ク1）＊「花子は席を立って静かだ」（ナ）

(97) ク2)＊「このブドウは食べられなく酸っぱい」（イ）
(98) ク3)「くに子の部屋はきちんとしていて広い」（イ）

クテ形

(99) クテ1)＊「このブドウは食べられなくて酸っぱい」（イ）
　　　　＊「この仕事は嫌がられていて危険だ」（ナ）
(100) クテ2)「くに子の部屋はきちんとしていて広い」（イ）
　　　　「くに子の部屋はきちんとしていて静かだ」（ナ）

　以上の観察により、動詞連用形と同様、形容詞連用形にも従属度の点で用法に違いがあることがわかる。

　前後節で異主語を取りうる、前後節が前後入れ替えできる、ということは、その用法の形容詞節の従属度が低いということを意味する。また、「ソレデ」という継起的な続詞が挿入されるかどうかという基準も、やはり従属度の高低を測定する判断根拠となる。ク1とク3には従属度の点で大きな相違が見られる。

　また、「酸っぱくて、危険で」など感覚や主観的評価を表す形容詞が因果用法に多く見られることも特徴としてよいであろう。これは、前節で述べた様に因果用法で心理動詞が多く見られたこととも関係があると思われる。

　以上の測定結果を表4に表すこととする。（○×は前掲の表に準ずる。）

表4：各種の判断基準による従属度の観察

	主従節の間に「ソレデ」が入る	主従節で異主語をとりうる	主従節を前後入れ替えできる
ク1	×	×	×
ク2	○	○	×
ク3	○	○	○
クテ1	○	○	×
クテ2	○	○	○

　ク1は、主節に強く従属し、さまざまな統語的意味的制約がある。

ク3は、独立性が強く、主節と比較的自由な意味関係をもつ。ク2はこれらの中間的用法である。また従属度の点で、クテ1はク2と、クテ2はク3とほぼ対応する。

　形容詞連用形の用法についても、動詞の場合と同様に従属度の順に階層構造が観察され、従属度の高いものから、ク1、ク2（クテ1）、ク3（クテ2）のように並べることができると思われる。

　また、形容詞連用形の用法のうち、次のようなものはここで取り上げるク形とは区別される。

　(101)　太郎は車を赤く塗った。

この用法は、動作の結果、目的語が変化したことを示すもので、主語の動作の状態を示していないからである。

　形容詞を感情形容詞と属性形容詞に大きく二分すると、感情形容詞（〜がるなどが付くもの）は付帯用法を殆ど持たないが、属性形容詞はこの用法が豊富に見られる。これは、前者に対し、後者は客観的な性質・状態を表すため付帯状況を表すのに適しているからであろう。因果・並列用法の場合は、この様な性格的な選択規制は殆ど見られない。また、付帯用法では、クテ形が選択されない。なぜこの様な非対称の現象が起こるのかについては、今後の研究課題であるが、現在可能な推論として、次の様に考えられる。

　形容詞では、動詞の場合と反対にク形（マス形に対応）の従属的性格が強く、付帯用法に選択される。そして、ナ形容詞の場合、ク形の従属的性格がより強く、付帯用法のみ許容され、因果・並列用法ではイ形容詞は許容されるが、ナ形容詞は許容されない。クテ形では、付帯用法はイ形容詞・ナ形容詞共に選択されず、因果・並列用法のみであり、この点では、両形容詞の文法的振る舞いは同じである。

　これらの観察を通して、従属度が高い用法にはいろいろな規制が働いているということが判明した。

　動詞連用形の場合と同様に、形容詞連用形の場合でも、従属度の高い用法は主節に強く従属しているため、統語的意味的な制限が大きいのであろう。

8．連用形分類と動詞分類の関係について

　動詞の分類については多くの先行研究があるが、本研究では、動詞分類を次の様に認識したいと思う。

　まず、状態動詞と、運動動詞に二分し、運動動詞を下位分類して、変化のない動作動詞と変化のある変化動詞に分ける。この変化動詞は、主体変化と客体変化によって更に下位分類される。

　この章では、用法・使用頻度などの点で文法的重要性が高いといえる動詞連用形の性質を観察したが、これらは、動詞あるいは動詞句の個別の性格、つまり動詞分類的な問題と深く関わっている。

　連用形の用法のうち、最も動詞の意味性質の影響が強いものは、従属度の高い付帯用法テ1、テ2、そして継起用法テ3、シ1であろう。付帯用法では、主節主語の動作の様態を補足説明し、継起用法では、従属節で表された動作が終了した後に、主節動詞の表す動作・状態が続く。

　付帯用法では、主節動詞との同時性が、継起用法では主節動詞との時間的前後関係が保証されなければならないので、どちらも時間軸上での動作を表す動詞が選択される。従って「有る」「存在する」などの純粋な状態性を有する動詞は選択されない。

　また、「〜終わる」が付加される動詞、つまり完結性をもつ動詞は運動動詞の一部に見られる。（ここでいう完結性は言語学研究会の一連の論文における達成性よりも狭義であり、厳密な意味での完結を意味する。）

　この完結性を持つ動詞は当然、同時性を表す付帯用法に用いることはできない。逆に、付帯用法に選択される動詞には、「一時間で」などの限界的成分をつけない場合は「〜終わる」を付加することはできない。

　付帯を表す動詞には、移動の様態を表す「歩く」「走る」など、表情を表す「笑う」「泣く」などの活動動詞、心的態度を表す「安心する」「がまんする」などの心理動詞、保持を表す「抱える」「持つ」など、姿勢を表す「腰

を下ろす」「手を挙げる」「首をかしげる」などや、「被る」「はめる」などの再帰的な動詞があるが、全て「〜終わる」を付けることができない。ところが、継起、因果、並列用法の連用形節では、「完結性」のある動詞を選択することができる。

　また、前述の様に因果用法に心理動詞・心理形容詞などの心理表現が多いことも特徴として良いであろう。従来の動詞分類から見て、心理動詞は状態性が強いと見なされることも多く、アスペクトの点で運動動詞・動作動詞などと区別して分析されることが多かったが、ここまでの連用形接続の考察に関して言えば、それらの見方とは矛盾した結果を示しむしろ動作動詞との共通点が多いことが分かる。

　序章で述べたように、本研究では心理動詞の時間的性質、特にアスペクト的性質を明らかにすることが研究目的の一つであるが、次章以降でこれらの問題について更に詳しく考察していきたい。

　そして、テ7についてはすでに動詞本来の意味が薄れ、モダリティ副詞化しているので動詞の性格分類からは解放されていると思われるが、中間的なものも多いので、これらの副詞化の度合いを詳しく調べる必要があると思われる。

　以上で述べた様に、動詞の性格的な制約という観点から見て、最も制約が強いのは付帯用法であり、次に継起用法であり、ほぼ全く自由であるのは、並列用法であると言え、この点にも、主節との従属度の高低が反映しているということができるであろう。また、付帯用法では、形容詞でク形（マス形）のみ選択されクテ形（テ形）が選択されなかったように、動詞ではテ形のみ選択され、マス形は選択されない。用法の偏りも選択制限の一つと見られるであろう。

　以上、動詞の連用形接続について概観したが、次に章を改めて、動詞分類と各用法との関係性についてより詳しく調べ、用法に選択される動詞と動詞分類の関係を明らかにしたいと思う。まず、最も選択制限が強い付帯用法から調べていきたいと思う。

注
1） 国語教育では両者を一般的に連用形としており、日本語教育では、テ形・マス形と呼んで分類している。他になかどめ形、中止形などとも呼ばれる。第一中止形はマス形、第二中止形はテ形に当たる。本論文ではより直接的と思われる「テ形・マス形」という呼び方を使用することとする。また、これらを統語的立場から見ると厳密な意味では不定形接続と考えられるが、本研究では一般的呼称である連用形を用いることとする。
2） この章は、吉永（1995、1996）をもとに加筆修正した。
3） 階層的分類法や文法的成分の有無の観察による方法などは、南（1974、1993）、加藤（1995a, b）を参考とした。
4） 「ぶらぶら歩きながら帰る」など副詞が付くと容認されるが、この様な修飾成分や特定の文脈などの助けを借りないで文法的に容認されるものを対象として分類した。しかし「ナガラ・ママ」の付加の許容度にも階層が見られるので、これについても調べる必要があると思われる。
5） 南（1974）の分析を参考とした。
6） 本研究において出典が記述されていない例文は全て筆者の作例である。また、各用法の用例採取については、新聞や小説などから用法ごとに50例を採取し、それぞれの用法の主語の意味役割や動詞分類などの特徴を調べた。以下の用法個別の考察では、この調査結果を言語資料とした。

第2章　付帯状況を表すテ形動詞と動詞の意味分類[1]

1．付帯用法の規定についての確認

　この章で扱う付帯用法は、テ形節のうち、主節事態の付帯状況を補足説明するものであるが、ここで改めて意味規定を確認することとする。
　この用法は「しゃがんで絵を描く」「泣いて謝る」など主節内容との関係が緊密でモダリティの作用域テストでも従属節まで作用域が及ぶなど最も高い従属度を示すものであった。
　（1）　［単車に乗って学校へ行く］な。（付帯用法）
　（2）　［コートを羽織って行］け・こう。（付帯用法）
などの様に文末のモダリティが文頭まで作用を及ぼしている。
　簡単にまとめると、付帯節の特徴として次の点が挙げられる。
　（a）　主節・テ形節の主語は一致が必要。（継起・因果・並列は不一致も可）
　（b）　主節・テ形節の出来事は同一時間内にある。
　また、継起・並列用法との境界上にあるもの、複合動詞化しているものなどは考察の対象外とする。また、形態が固定化して副詞的成分になってしまっているものなども対象外とするが、これらの例は後述することとする。また、付帯用法を更に詳しく調べるために、意味の違いにより、五種に分けた。

2．付帯用法の下位分類

付帯用法の下位分類は、次の五種類である。
　ａ．動作主の状態、ｂ．ものの状態、ｃ．動作主の主体的動作、ｄ．心理状態、ｅ．その他、の様に分類し、各分類について例文を挙げて説明し、境界上にあるものも例示して説明記述を加えることとする。

2.1　各分類の意味特徴
　前述の分類について各々の意味・特徴について述べる。
ａ．動作主の状態
　（３）　太郎は頬杖をついて本を読んでいた。
　（４）　男が壁にもたれてタバコを吸っていた。
　（５）　花子は買ったばかりのドレスを着て踊っていた。
　（６）　母はゴム手袋をはめて炊事していた。
　（７）　青年が大きな荷物を抱えて乗り込んで来た。
　（８）　兄は鉛筆を耳に挟んで勉強している。
などの例では、殆ど再帰的な主体変化の結果状態の持続・残存が動作主の動作に影響を与えている。再帰的というのは、主語の目的語に対する働きかけが完了すれば同時に主語が状態変化を受けるという二重性を示し、目的語に向けられた動作が主語に帰るという性質を指す。他動詞の場合は再帰性を示し、自動詞の場合は（４）の様な姿勢変化動詞が多く選択される。これは言語学研究会のいう「振る舞い状態」に当たるもので、「状態の状態」を意味する。これに該当する例として次の様なものが挙げられる。
　（９）　老人はうつ伏せになって死んでいた。
　しかし、（９）は例外的であり、この分類では主従節の主語は同主語で、殆どの場合主語の意味役割も主従節共にAgentが選択される。
ｂ．ものの状態

(10) キャップが一つ壊れて下にころがっていた。
(11) 落ち葉が固まって庭の隅に落ちていた。
(12) 縫い目がほどけて垂れ下がっている。
(13) 大雨の後で池の水は濁って溢れ出ていた。

など、無生物主語の無意志的変化を示す。状態・位置変化自動詞が多く選択されるが、次の様な現象的な非意志的動作動詞も可能である。

(14) 花子の指で大粒のダイヤが眩しくきらめいて輝きを放っていた。

主節事態も当然無意志的な状態述語が多い。

この分類でも、主従節の主語は同主語であり、一部の例外を除き、殆どの場合、主語の意味役割も主従節共にThemeが選択される。

c．動作主の主体的動作

(15) 二郎は歩いて学校に行く。
(16) 板敷きを踏んで目指す方向へ渡った。
(17) 子供達は斜面を滑って降りた。
(18) 祖母は手を叩いて拍子を取った。
(19) 少年が「兄さん、兄さん」と叫んで駆け抜けていった。

など、動作主の意志的な動作が主節事態と同時進行し、主体変化結果を表すaやbのテイル形が結果持続を表すのに対し、この分類は動作持続を表す。二つの複合動作のうち、副次的な方をテ形にしており、入れ替えが不可能である。(18)(19)は動作の繰り返しを含意する。また、

(20) 菓子折りを買って手みやげにした。

などは継起用法に近づき複合動作と言いがたいので外すこととする。

この分類でも、主従節の主語は同主語で、主語の意味役割もほぼ全ての場合、主従節共にAgentが選択される。

d．心理状態

(21) 店員がうんざりして売り場を指さした。
(22) 和子はいらいらして係員を待っていた。
(23) 彼女はボーッとしてテレビを眺めていた。

など、主体がある心理状態になり、その状況において動作が起こっている。
　(24)　少年は気をつけてお金を数えた。
は、「気」が主語の所有物であると考え、再帰的な心的態度ということになり、この用法に入る。また、この用法はあくまでも内面的な心理状態のみをとりあげており、次に述べるe.の表情を表す現象自動詞は外的側面を捉えている点で区別される。
　この分類では、他の分類と同じく主従節の主語は同主語であるが、主語の意味役割は主従節で異なっており、付帯節主語の意味役割は心理動詞を述語とするExperiencerが選択され、主節主語の意味役割は、ほぼAgentが選択される。
　心理動詞が述語である場合にのみ主従節主語で意味役割が異なると言うことについて、どのようなことが起因しているのかについては、また章を改めて、論証していきたいと思う。
e．その他
　(25)　陽子は微笑んで挨拶を返した。
　(26)　工場では汗にまみれて働いた。
　(27)　聡子が諮問員を前にして座っていた。
　(25)の様に主体の表情・外的状態を表すもの、(26)の様に再帰的・受動的な事態の持続を表すもの、(27)の様に動作主と他のものとの位置関係を表すものなどが、その他の用法として挙げられるであろう。
　この分類でも、他の分類と同じく主従節の主語は同主語であるが、主語の意味役割は主従節でやや異なっており、付帯節主語の意味役割は、弱い意志を持つagentが選択され、主節主語の意味役割は、ほぼAgentが選択される。しかし、どちらも意思性を示す意味役割であるという点でほぼ一致している。
　また、以上で挙げたものの他に、「醤油を付けて食べる」「タマネギを炒めて香りを出す」など、主節の最終目的動作の付帯説明や手段方法などを表す用法もあるが、これらは、継起的動作とも解釈できるので、継起用法との境界上にあるものと判断される。

2.2 他の用法との境界上にあるものについて

(28) <u>命を懸けて</u>戦った。

(29) <u>神に誓って</u>嘘はつかない。

(30) 子供を実家に<u>連れて</u>帰る。

などは、形態固定化、複合動詞化が進んでいると考えられ考察対象から省く。

3. 各用法と動詞分類との関係について

3.1 動詞の分類

動詞の分類については前章で少し触れたが、改めて述べることとする。

本研究では、主に動詞のアスペクト的側面からの分類を考察対象としている。この観点による動詞分類では、早い時期に金田一（1950）が、主にテイル形を付加した場合の特徴によって動詞を四分類しているが、継続・瞬間などの時間的な側面からの分類に止まっている。

森山（1988）では、動詞のアスペクト的な素性による「時定項分析」に基づき、主体・客体の観点をも内包した精密な動詞分類がなされている。

また、工藤（1995）では、時間的な特徴に加え、運動・変化や主体・客体など、意味特性的な側面からも、総合的に動詞を観察し分類している。

三原（2004）では、Vendler（1967）の分類などを再考し、動詞自体で分類が可能となる方法を提示して構造的な分析を加えている。

ここでは、構造や事態の意味関係が単純な付帯用法について、動詞分類との関係性をみるために、全体的な把握に適していると思われる工藤（1995）の分類を基にして考察をすすめることとする。

工藤（1995）では、動詞をアスペクト対立の有無により三分類し、更に奥田（1978）の分類も踏まえて外的運動動詞を下位分類している。略号をT、A、S、Kとすると（T＝telic　内的限界動詞、A＝atelic　外的限界動詞、S＝瞬間動詞、K＝継続動詞）、工藤の分類では、

Ⅰ　外的運動動詞―アスペクト対立有り　　A、T

Ⅱ　内的運動動詞―アスペクト対立の部分的変容　A[2)]

Ⅲ　静態動詞―アスペクト対立無し

となる。

Ⅰ　外的運動動詞

①主体動作・客体変化動詞（働きかけ手の動作・客体の変化）：開ける、切る、折る　T/K

②主体変化動詞（ひきおこし手の変化）：集まる、行く、しゃがむ　T/S

③主体動作動詞（働きかけ手の動作・客体の動作、働きかけ手の動作のみ、ひきおこし手の動作のみ）：動かす、飛ばす、打つ、押す、泣く、輝く　A/K

の様に略号を用いてまとめられる。Ⅱのアスペクト対立の部分的変容とは、

(31)　わたし、あの時は、驚きました。(工藤1995：70)

(32)　＊あの時は、先生も、驚きました。→　OK　あの時は、先生も、驚いていました。(同上)

の様に一人称ではテイル形をとらなくても許容されるのに、三人称ではテイル形をとらなければ非文となるという意味である。この様な心理的な動詞のアスペクトについては、また章を改めて考察したいと思う。

　Ⅲの静態動詞は「ある、いる、あたいする、てきする、ことなる」など、テイル形がつく場合とつかない場合でアスペクトの対立が見られず、telic、atelicの区別もない。

　これらの動詞分類を基に、付帯用法の各用法との関係について次に述べることとする。

3.2　各用法と動詞分類の観察

　各分類の例文中に選択された動詞を挙げ、その動詞が上の分類［Ⅰ①、②、③］、Ⅱ、Ⅲ］のうちどれに含まれるかを見て、考察を加える。

a．動作主の状態

例文中で選択された動詞は全て②の分類に含まれる。また、(3)頬杖をつく、(4)もたれる、(9)うつ伏せになる、は再帰的姿勢変化を示し、(5)着る、(6)はめる、は再帰的着脱を、(7)抱える、(8)(耳に)挟む、は再帰的保持をそれぞれ示す。この分類に選択される動詞の特徴は主体の変化結果の持続を示す主体変化動詞で再帰的性格をもつものが多いといえるだろう。瞬間動詞のテイル形の結果持続読みになるものである。

b．ものの状態

例文(10)から(13)までの動詞は全て②の分類に含まれる。(14)は③の分類に入る。(10)壊れる、(11)固まる、(12)ほどける、(13)濁る、は無意志的状態変化を、(14)きらめく、は非意志的現象動作を示す。ものの無意志的な変化結果の持続を示す主体変化動詞で、状態・位置変化自動詞が多く選択される。つまりものの非意志的動作を表すものも現象的なもの（きらめく、輝く、ざわめく、響く）に限り選択される。②の変化動詞では、テイル形が結果持続読みになるが、③の動作動詞では、動作持続読みになる。

c．動作主の主体的動作

例文中で選択された動詞は全て③の分類に含まれる。(15)歩く（主節動詞：行く）、(17)滑る（主節動詞：降りる）は意志的移動、(16)踏む（主節動詞：渡る）、(18)叩く、は意志的動作・客体接触、(19)叫ぶ、は意志的言語活動をそれぞれ示している。これらの動詞は主体の意志的な運動動作を示し、客体の変化は取り上げない動作動詞が選択される。主節動詞が「行く、渡る、降りる」など移動動詞である場合、テ形動詞は中核的意味である移動の様態のみを表すようになり、付帯用法になりうる。動作の繰り返しにより様態性を帯びるものに(18)(19)が挙げられ、これらの動詞は全てテイル形で動作持続状態を表す。

d．心理状態

例文中の動詞は全てⅡの分類に含まれる。(21)うんざりする、(22)いらいらする、(23)ボーッとする、は内的運動動詞であり、(24)気をつける、は再帰的内的運動動詞といえるだろう。いずれも主体の心理状態を表し、テイ

形で心理活動の持続を表すものが多い。この用法は因果的用法との境界上にあるものが多いが、ある心理状態の持続の中で主節事態が進行していること、完全に主節に従属し削除しても文意は影響を受けないことなどを条件に分別されるであろう。

e．その他

(25)微笑む、は表情・外的状態を表す現象的動作動詞であり、③に含まれ、(26)汗にまみれる、(27)前にする、は②の分類に含まれるであろう。(26)汗にまみれる、は無意志的状態変化動詞、(27)前にする、は位置変化動詞である。いずれも主体の外的様態を表す動作持続や変化結果の持続を表す動詞が選択される。多くは非意志的動詞である。動作動詞の場合は、テイル形で動作持続、変化動詞の場合は結果持続を表す。この用法は比較的境界が明確な他の四分類に入れることができず、明らかに付帯用法であると認められるものを分別するため、便宜的に設定したものである。

また、削除可能であることは、付帯節の特徴であるが、この点について再度観察すると、

(33)　OK　アキラは（うつぶせになって）漫画を読んだ。（付帯）

(34)　？アキラは（うつぶせになって）それから腕立て伏せをした。（継起）

(35)　??アキラは（うつぶせになって）息が苦しくなった。（因果）

因果的用法では、主節事態に至った原因理由を説明する部分なので、息が苦しくなった原因を述べているテ形部分は削除不可であり、継起用法でも容認性が低い。それに対し、付帯用法では、主節事態の命題に影響は殆どない。

以上の考察を基に、各用法に選択される動詞群と、その分類番号を表5に示した。

表5：各用法に選択される動詞群と動詞分類番号

a	②	かがむ、しゃがむ、つかまる、ねころぶ、ぬぐ、はく、はめる、おぶう、かつぐ、くわえる、にぎる、さげる
b	② ③	あたたまる、あく、おれる、かれる、かわく、くさる、くだける、くもる、こわれる、さける、さめる、しぼむ、そまる、たおれる、ただれる、つぶれる、とける、にえる、にごる、はれる、ひえる、ひろがる、ふける、ふさげる、ほどける、むける、やける、やぶれる、われる、しまる、ぬれる、くすぶる、とどろく、ざわめく、ひかる、ひびく、かがやく
c	③	うごかす、ふる、ながす、こぐ、まわす、ゆらす、ならす、かむ、こする、さする、たたく、なでる、ぬぐう、ひっぱる、ぶつ、ふむ、すう、すする、なめる、まつ、きく、のぞく、さけぶ、ささやく、よぶ、よむ、おどる、すべる、はう
d	Ⅱ	おそれる、かんしゃする、かんしんする、かんどうする、くるしむ、けいふくする、けいべつする、こうかいする、しんぱいする、なやむ、にくむ、はらはらする、まよう、めいる、あんしんする、こまる
e	② ③	はなれる、かくれる、まみれる、ならぶ、はずれる、（まえに、うしろに、しょうめんに）する、ほほえむ、にらむ、なく

4．付帯用法動詞の性格的特徴と各用法の境界について

　前節で見た様に、付帯用法に選択されない動詞の一つはⅢの無アスペクト動詞である。

　(36)　その男はいつもそこに居て一日ぼんやりしていた。

の様な例では、「居る」がⅢの静態動詞としての本来の意味を半ば失い、むしろ意志的動作動詞、つまりcの用法に近いものになっているといえるだろう。この「居て」については、

　(37)　＊その男はいつもそこに居ている。

などテイル形にならないので、完全に状態性を失っているわけではないが、

「非状態化」ということはいえるだろう。

(38) I will be there.

のbeなどと同様の性質をもつと考えられる。

(39) そこに居ろ！

など、命令形になることからも、判断できるであろう。

　Ⅲの無アスペクト動詞が付帯用法に選択されないことの理由として、付帯用法は主節主語の持続的なアスペクチュアルな状態を表すので、性格的に相いれないからであると考えられる。選択されない、あるいは、選択されにくいもののもう一つが①の主体動作、客体変化動詞である。

(40) 殻を剝いて旨そうに食べた。

(41) 窓を開けて空気を入れ換えた。

などは①の動詞であるが、cの様な複合動作を示さず、より継起用法に近づいているものと判断される。①の動詞を用いた類似的な例文として、

(42) 針金の先を曲げてフックを作った。

(43) 布団を被せて温めた。

(44) 古いポスターを剝がして壁をきれいにした。

など、数多く挙げることができる。前述の(20)の場合も同様であると考えられるが、付帯節が最終目的を表す主節動作の方法手段になっている場合が多く、これらはより継起的なものとして付帯用法に入れられないと判断される。

(45) 子供達は落ち葉を集めて遊んだ。

この様な文は「(落ち葉を)集めた後で落ち葉で遊んだ。」と「(落ち葉を)集めるという行為で遊んだ。」の様な継起・付帯の両解釈が可能であり、両用法の境界上に位置するものと言えるであろう。

　しかしながら、①の動詞グループが付帯節のテ形動詞に選択され難いことは他の動詞グループと比較して明らかである。また、①の動詞でも、

(46) 今年の十大ニュースを指を折って数えた。

(47) カモメが飛んでいく方を口をあけてぼんやり見た。

など再帰的な性格を持つものは選択可能となる。これは、再帰的な性格によ

り、客体変化より主体変化に焦点が移動し、aやcの用法に近づいたためであろう。これらの動詞グループについては、前章で、継起用法と付帯用法の中間に位置するものとして述べた。

以上のことから、次のことが言えるであろう。

ⅰ）…動詞の分類のうち、瞬間動詞（S）は②で、継続動詞（K）は③でそれぞれ選択されるので、「瞬間―継続」の分類では性格規定ができない。

ⅱ）…telicな動詞は②で、atelicな動詞は③、Ⅱで選択されるので、「telic―atelic」の分類でも性格規定はできない。

ⅲ）…意図的動詞はcで、非意図的動詞はb、eで用いられているので、「意図的―非意図的」の分類でも性格規定はできない。

動作・変化・心理動詞に用法が分布し、付帯用法に選択される動詞は一見、広範囲に分布している様に思われる。しかし、前章で述べた様に、他の継起・因果・並列などの用法に比べると動詞選択に関して強い規制があると思われる。つまり、付帯用法では、結果持続または動作状態持続のどちらかの持続が意味的に要求されると考えられ、各々の動詞をテイル形にすると、いずれかの持続の性格が顕著に現れる。継起・因果・並列あるいはモダリティ成分化した用法には、このような選択規制は見られない。

時間的に主従節を分断すると考えられる接続詞、例えば、「そしてそれから」などをテ形節と主節の間に介入させられるかのテストをすると、

(48)　＊男が壁にもたれてそしてそれからタバコを吸っていた。

の様に付帯節ではどの用法も許容されない。これに対し、

(49)　OK　タマネギをみじんに切ってそしてそれから炒めた。（継起）

(50)　OK　鯵を塩焼きにしてそしてそれから鯛を刺身にした。（並列）

(51)　?　僕は怒ってそしてそれからその手紙を火で燃やした。（因果）

因果用法以外では完全に許容され、持続的な性格が要求される付帯用法との違いが明確に現れている。

aでは結果完了の持続、c、dでは動作持続であり、b、eでは両種の持

続が考えられる。付帯状況を表現する際、何らかの持続的、同時的な意味内容が要求されるのは、直観的に判断される。もしも、付帯節動詞が持続的な性格を持たず、完全に動作が完了し、それに続いて主節事態が起こるならば、継起・因果的な他の用法になると考えられる。付帯節は完全に主節に従属し削除可能であるが、時間的に切り離された継起・因果用法では、削除により文意が不完全になるという側面もある。これらの点で付帯節はアスペクチュアルな性格を明確に有するといえるだろう。

　また、①の主体動作、客体変化動詞が選択されにくい点についても、やはり、この用法の従属性の高さが起因しているように思われる。つまり、主節に完全に従属し主節主語の付帯状況を説明するという性格上、主体変化・動作及び客体動作を表すものは容認されても、客体変化までを表すものは客体の変化結果の残存が、主体の状況説明に焦点を置くことの障害になりうるのではないかと思われる。これは直観的判断であるので、この点についての論証は今後の課題としたい。客体変化の動詞はテイル形にした場合、動作持続になるものが多いが、再帰的なもの、主客の関係が分離不可能なもの等については、結果持続解釈が強くなり、客体変化より、主体変化の結果残存の方がより意味的に優勢となる。

　(52)　薫は付け睫毛を付けている。
　(53)　靖はひどく服を汚している。

　客体変化の動詞の性格が、名詞句や副詞等の影響を受けて変化するのは、動詞の意味分類において、更に詳細な考察の必要を予測させる。

　また、付帯用法では殆どすべて、前後節で主語の意味役割が一致しなければならなかったが、dの意味役割の観察で見た様に、心理動詞がテ形節となった場合のみ、ExperiencerとAgentという、異なった意味役割の組み合わせが許容された。この様に、心理動詞が述語である場合にのみ、主従節主語で意味役割が異なると言う現象について、どのようなことが起因しているのかについては、章を改めて論証していきたいと思う。

　以上の考察結果を簡単にまとめると、次の三点に集約されるであろう。

付帯状況のテ形動詞は、
ⅰ）無アスペクト動詞は選択されない。
ⅱ）結果持続または動作持続のどちらかの持続を意味的に有する。
ⅲ）主体動作・客体変化動詞は選択されにくい。
という特徴がある。

5．先行研究の動詞分類との関係について

　前述の動詞分類に関連して、本研究では、工藤の分類を判断基準としたが、ここで、森山の動詞分類について、少し考察を加えることとする。
　森山（1988）では、動詞のアスペクト的な素性による「時定項分析」に基づき、まず、動詞を一時点的なものと持続的なものに二分し、更にそれぞれを下位分類している。
　一時点的なものは、「無変化」・「変化」の観点で二分し、持続的なもの即ち「過程」「維持」「結果持続」はそれぞれ「主体変化」・「客体変化」の観点で分類されている。

　　（54）　一群れのススキが枯れて倒れている。　　「一時点的分類」
　　（55）　校歌を歌って遠征チームを見送った。　　「過程分類」
　　（56）　創始者の胸像が正面を向いて立っている。「維持・主体変化」
　　（57）　下の階では数人の客が酔って騒いでいる。「結果持続・主体変化」

(54)はb、(55)はc、(56)はb、(57)はeの各用法に入ると判断される。森山分類では工藤の内的運動動詞にあたる様な心理動詞の分類項はないが、「驚く、あきれる」の様な一時点的なもの、「諦める」の様な持続的なものに跨って含まれているようである。付帯節のテ形動詞に選択されるものはこの分類の持続的なものに多く存在するという傾向は直観的に判断できるが、(54)の様な一時点的なものも、まれではあるが、選択される。前節で述べた様に何らかの持続を要求するという性向は、付帯用法に選択される動詞全般にわたる条件であるが、いずれも主体変化を表すものに限られ、客体変化を

表すものは選択されにくい。

　森山の分類は動詞句としての意味性格を重要視し、アスペクト素性を厳密に区分しており、非常に緻密な考察がなされているが、本研究の趣旨に関連する部分では決して矛盾するものではなく、むしろ共通する部分が見られることを確認しておきたい。

6．中国語との対照

　付帯用法を中国語で表現すると、次の様に表されると考えられる。
(58)　李三穿着红色的衣服，走着路。
　　　（李三は真っ赤な服を着て、通りを歩いている。）3)

「着」は日本語に直すと、「～ている」にあたる、進行アスペクトを表す成分である。従って、この成分が付くことができる動詞には、アスペクト性があることが条件となっている。つまり、状態的な無アスペクト動詞には後続できない。この様に、中国語でも付帯的事態を表現する場合、状態的性質を持つものには選択制限がある点で、日本語の付帯用法とパラレルであるといえるであろう。

　また、英語でも動作性の付帯状況を表す場合には一般に動詞の現在分詞形（～ing）が用いられる。現在分詞形（～ing）においても、状態的な無アスペクト動詞には後続しないという選択制限があることから、付帯状況を表す動詞はアスペクトがあるものでなければならないという制限が普遍的であることが分かる。また、これらの付帯用法の共通点は後で述べる様な構造的特徴に関わっていると考えられる。

7．この章のまとめ

　付帯節のテ形動詞について考察し、各用法に選択される動詞の性格規定について、一応の結論は導くことができたと思われるが、更に今後の課題とし

て残された問題点がいくつかある。一つは客体変化を表す動詞が選択されにくいことの理由であり、もう一つは心理動詞が選択された時のみ、意味役割の不一致が許容される点である。

　客体変化動詞が選択され難い理由は、従属度の高い付帯節で、付帯節動詞の持続的要素が主節事態の状況説明でなければならないのに、付帯節動詞の客体変化結果に視点が移動すると、状況説明要素としての働きが弱まり、主従節の整合性がなくなるからであると思われるが、あくまでも直観的判断である。また、第5章で後述する様に付帯節は主節動詞句に副詞的に付加される構造的特徴を持つため、従属節動詞句補部位置の変化結果は構造的に許容されないということが言えるかもしれないが、真相の究明は今後の課題としたい。

　主従節主語の意味役割の観察では、心理動詞を除く殆どの場合で一致することが確認され、この面でも、従属度の高さが立証されると思われる。

　以上、付帯用法と動詞分類について考察したが、テ形節のうち付帯用法と同様に動詞分類と密接な関係があると思われる、継起用法・因果用法についても、次に章を改めて調べたいと思う。また、これらの用法は、付帯用法や並列用法が比較的独立しているのに対して、連続性があり相互に関係性が高いと思われるので、両用法の比較検討という観点から考察することとしたい。

注

1) この章は吉永（1997b）を加筆修正したものである。
2) 工藤（1995）では、心理的事象を表す動詞を内的情態動詞として、一般の運動動詞と区別しているようであるが、ここでは内的運動動詞と表記した。また、後述の様に工藤（1995）では一部にアスペクト対立が有るとしてⅢの静態動詞とは区別している。本研究では「心理動詞」と「内的運動動詞」を適宜使い分けることとするが、心理的事象一般を表す動詞としてはほぼ一致していると思われる。
3) 本論文での中国語文は、全てインフォーマントチェックにより修正された作例である。また、一部小説などの文を参考にしたが、考察内容に合わせて修正を加えている。

第3章　継起用法・因果用法の相違点と動詞分類との関係

1．はじめに

　第2章では、付帯用法に焦点を絞り、考察を加えた。この章では、用法の点で近接していると思われる、動詞連用形の継起用法・因果用法に焦点を絞り、両用法の相違点について、また、時間的性質を含めた動詞の性格分類との関係について、考察を試みることとする[1]。
　第1章で述べた様に、中間的用法であるテ4は、継起用法とも因果用法とも判断がつきにくいものであった。どの様な要素がある時に、両用法の区別が明確になるのかについて、比較しながら考察を加えるために、この章では単独の用法分析という方法を取らず、両用法の文法的特徴を比較しながら分析を進めることとする。従属度という点で、付帯用法ほど高くなく、また並列用法ほど低くはないという点で、これらの用法には接点があるが、第1章で見た様に、文法的性質や動詞選択の制限という点で相違があった。これらの相違点について更に詳しく調べたいと思う。

2．継起用法と因果用法の相違点について

　ここで再度、継起用法と因果用法の意味規定について確認しておくこととする。

2.1　継起用法と因果用法の意味規定
〈テ形[2]〉

48

（1）封を切って手紙を読んだ。テ3（継起）

の様に、従属節の内容で表現される事態が生じ、それが完全に完了した後に別の事態が生じ、完了するという、時間的前後関係を持つ継起的な複数の事態を表す典型的なもの。いわゆる「継起」を表す用法。第1章のテ3に当たる用法。

（2）相手の電話番号を忘れて困った。テ5（因果）

の様に、従属節の事態が主節の事態の原因や理由になる、「因果」の典型的なもの。心理状態の変化を表す場合、因果的に解釈され易い。第1章のテ5に当たる用法。

〈マス形〉

（3）初めに頭を作りそれに髪の毛を付けた。シ1（継起）

の様に、時間的前後関係によって結び付けられた複数の事態を表す。継起の用法。第1章のシ1に当たる用法。

（4）進んだ機械を使い作業が楽になりました。シ2（因果）

の様に、因果関係によって結び付けられたもの。「因果」の用法。第1章のシ2に当たる用法。

2.2 継起用法と因果用法の相違を決定する要素

どの様な要素がある時に、両用法の区別が明確になるのかについて考えるために、両用法の文法的特徴を比較することとする。

どちらの用法も、前後節が入れ替えできないことや、前節が省略できない点では共通するが、大きく異なる点は、因果用法の従属度が、継起用法に比べかなり低いことである。

第1章での観察を再度確認すると、

（5）封を切って手紙を読ム（モウ、ムナ、ンデクダサイ、ミマセンデシタ）。

（6）行き先がわかって安心シタ＊（シヨウ、シロ、スルナ、シテクダサイ）。

（5）の継起用法では、時間的連続性で緊密に結びついているので、文末の意思や命令、否定などのモダリティが全文を支配できるものが多いが、（6）の因果用法では文末のモダリティの作用域はテ形節までは及ばない。

(7) 彼女は二階から降りて来て私の傍に座った。（主語：彼女、彼女／意味役割：彼女（Agent）、彼女（Agent））

(8) 雨で服がひどく濡れて私は泣きたくなった。（主語：服、私／意味役割：服（Theme）、私（Experiencer））

上例の様に、主語や意味役割についても、継起用法では組み合わせの単純さが条件となるが、因果用法ではかなり自由である。

（7）の継起用法では、主語は前後とも「彼女」であり、意味役割も共にAgentで、組み合わせが単純であるが、（8）の因果用法ではより自由である。前節の主語は「服」で、後節の主語は「私」であり、意味役割も、「濡れる」の変化を受ける被変化主体Themeと、「泣きたくなる」心理変化を経験するExperiencerという様に異なっている。しかし、「服が濡れる」「泣きたい」はどちらも私という視点で統一され、不利益という内容でつながり、因果関係が成り立っている。ここまでの例文ではテ形節を観察したが、マス形でもほぼ同様のことが言えると思われる。以上の様に、継起用法では主語や意味役割の一致などの文法的形態が重要であるが、形態よりも因果的な内容が重要であるのが因果用法であると言えるであろう。また、前章で見た様に、付帯用法では、主語や意味役割の一致がほぼ義務的であったが、継起用法でも組み合わせが単純であることが観察され、この点でも従属度が高いということが再度確認できる。

ここで、前述のテ4「その俳優はA賞を受賞して、人気が出た」のように両義的な文について考えたい。この様な文は、前述の「前後主語の一致」などの継起用法の成立条件を満たしているが、因果関係の成立には前後の文脈や、先行話題なども意味解釈に影響すると思われる。

(9) A：「その俳優はA賞を受賞したことがきっかけで人気が出たそうだよ。」

(10) B:「その映画の監督もA賞を受賞して有名になったらしいよ。」
　　　　（因果用法が強い）

　両義的な文が、どちらか一方に傾いて解釈されるには、文の命題以外の様々な要素が働いていると思われるが、その様な要素が無く文の命題だけで判断する時は、両義的になると思われる。この様な文は、一般的に明確な意味区分の必要なく生産され、二つの連用形の用法同士が連続していることが観察される。そして、文脈や先行話題など何かの要因で因果関係としての視点統一が起こると、因果解釈に傾き、そうでない場合は時間的前後関係読みになり継起解釈に傾くと思われる。次にテ形節の因果用法で使用頻度が高い形容詞などの述語成分の用法も併せて観察したいと思う。

2.3　さまざまなテ形節の因果用法について

(11)　この部屋は涼しくて気持ちがいい。

(12)　このブドウは酸っぱくて食べられない。

　上例では、前節の述語が主観的な形容詞であり、事象の視点が経験者である話者に固定されて、それが原因節となっているので、結果節は「気持ちがいい」「食べられない」「やめられない」などのやはり心理的意味合いを持った内容と親和性が高いと思われる。この点については、第1章の形容詞の連用形用法についての箇所で少し述べた。また、これらの例文の様に感覚的主観的な意味合いを持つ形容詞のテ形節の因果用法には、慣用表現となっているものも見られる。「面白くてやめられない」「退屈でたまらない」など多用されているものも多い。また、前述の例文では「から、ので」を用いると逆に不自然になることが観察される。

(13)　？この部屋は涼しいので気持ちがいい。

(14)　？このブドウは酸っぱいので食べられない。

　テ形接続より、「から、ので」が不自然であるのは、心理文では視点の強い一致が起こるので、接続詞はかえって不自然に感じられるためと考えられる。また、「？涼しくて五時間勉強した」とか「？酸っぱくて半分だけ食べ

た」などの肯定的動作的内容では、許容度が低い。これは、前後節で心理的な視点の統一がある場合には落ち着きが良くなり、肯定的動作性で統一が弱まると落ち着きが悪くなるからであると思われる。しかし、否定的要素を付加すると「酸っぱくて半分しか食べられない」の様に、また許容度が上がる。

否定形との整合性という現象について、次のような現象も挙げられる。

(15) このブドウはおいしくてたくさん食べた（？食べられる）。

(16) このブドウは酸っぱくて食べられない（食べられなかった）。

(16)の様に否定的内容ではどちらでもいいのに(15)の肯定的内容では「タ形」のほうがすわりがいい。この様に、形容詞の因果的用法では、状態性を持つものとの親和性が高いと思われる。

「うるさくて勉強できない」「忙しくて話も出来ない」などの様に、否定形式によって、動作性が中和され、「不利益」という点で、心理内の視点が統一されるからではないだろうか。心理表現と視点の関係については、後で章を改めて考察したいと思う。

また、慣用表現となっているものには、「お会いできて光栄です」「（電車が）延着して遅刻した」など、日常生活でよく使用するものが多い。

これらの多くは前後節の使用語彙がほぼ固定しており、イディオムとして解釈される。これらの範疇に入るものとして、「迷惑」を含意する受身形を用いたテ形節の、「親に死なれて生活に困った」「足を踏まれてイタイッと叫んだ」なども因果節というよりは、イディオム表現に近いものと思われる。

また、第1章で述べた様に、継起用法では、形容詞は用いられない。状態性を持つものは、一つの事態が終了して次の事態が起こるという文意にそぐわないためであろう。この点にも、両用法の相違が現れていると思われる。

以上、形容詞テ形の因果用法などを中心にさまざまな因果用法について観察したが、結論として、形容詞テ形の因果用法では、心理的な視点の統一と関係が深いということがわかった。視点についての詳しい分析は、後で章を改めて行うこととしたい。

2.4 ここまでのまとめ

 以上の観察から、両用法の文法的特徴における相違点についてまとめることとする。継起用法では、主語や意味役割の一致などの文法的形態が重要であり、時間的継起関係や意味的な整合性も、文意成立には必要である。
 これに対して、形態よりも因果的な内容が重要であるのが因果用法であると言えるであろう。因果用法の成立には、「利便性」や「好き嫌い」など、心理的な視点の統一と関係があり、この点に用法的特徴が現れている。次に両用法と動詞分類との関係について考察したいと思う。

3．継起用法・因果用法と動詞分類との関係について

 第2章では、付帯用法と動詞分類が深く関わっていることを述べたが、継起用法・因果用法についても動詞分類との関係について調べることとする。動詞分類のカテゴリーについては、前述の様に工藤（1995）の分類を参考とする。前述の例文を再掲して考察を加える。また、マス形についての観察については、ほぼ同じ結果になると判断されるので省くこととする。

（5） 封を切って手紙を読む。（同一主語、意味役割：（Agent））
（6） 行き先がわかって安心した。（同一主語、意味役割：(Experiencer)）
（7） 彼女は二階から降りて来て私の傍に座った。（主語：彼女、彼女／意味役割：彼女（Agent）、彼女（Agent））
（8） 雨で服がひどく濡れて私は泣きたくなった。（主語：服、私／意味役割：服（Theme）、私（Experiencer））

 （5）の継起用法では、テ形動詞はⅠの①類に含まれ、主節動詞はⅠの③類に含まれ、主語の意味役割は共にAgentである。
 （6）の因果用法では、テ形節の動詞はⅡ、主節動詞もⅡの分類に入ると考えられ、主語の意味役割は共にExperiencerである。
 （7）の継起用法では、テ形動詞はⅠの②類に含まれ、主節動詞もⅠの②類に含まれ、主語の意味役割は共にAgentである。

(8)の因果用法では、テ形節の動詞はⅠの②、主節動詞はⅡの分類に入ると考えられる。また、主語の意味役割はテ形節がTheme、主節がExperiencerである。

以上の観察により、継起用法では、どちらも動きのある外的運動動詞が一致して選択されているが、因果用法では、Ⅱ類、心理的な動詞が多く選択され、また、テ形節と主節で動詞分類は必ずしも一致していないことがわかる。

付帯用法では、動詞の性質に何らかの持続の含意が必要であったが、継起用法・因果用法でも動詞の選択において、一定の傾向が見られる。継起用法では、動作性の動詞が多く選択され、主節と同じ分類の動詞が選択される傾向があるようである。また、継起用法では、時間的継起関係が必須であるため、Ⅲの状態性の動詞も選択されない。

(17)　＊さっき、太郎に弟がいて、後で妹がいた。

の様に、状態的な述語は容認されない。

これは、2.3で見た様に、因果用法では様々な形容詞表現があるのに、継起用法では殆ど形容詞は用いられないことと関係していると思われる。前述の様に形容詞表現の場合、ある性質・状態が終わってから継起的に次の性質・状態に続くということになり、常識では考えにくいからであろう。このように、継起用法の場合は終了時点がはっきりしない、状態的な述語成分は選択できないという強い制限がある。

また、継起用法では、Ⅱ類の心理的な動詞は選択されにくいことが観察される。これは、選択された場合、因果解釈に傾きやすくなり、文意が保持できないためと思われる。継起用法では、前節の事態が終わって、引き続き次の事態に移ることを含意しているので、心理動詞が選択されると、次の例の様に座りが悪くなる。

(18)　＊彼は悲しんで買い物に行った。

これは、因果的に解釈が傾いたり、付帯的に解釈が傾いたりする原因であると考えられるが、これらの点については、後で詳しく調べたいと思う。

一方、因果用法では、Ⅱ類の心理的な動詞が多く選択される傾向があるよ

うである。
(19) 彼は人生を悲観して湖に身を投げた。
　また、時間的前後関係が必須である点では、共通しているが、前後の動詞で同じ分類のものが選択されるとは限らない。また、必ずしも運動動詞である必要ははなく、Ⅲの状態性の動詞も選択されうる。
(20) 太郎には厄介な妹がいて、とても世話が焼ける。
　これらの点で、継起用法よりは、動詞分類の選択制限がゆるやかであると思われる。また、これらの観察を通じても、より従属度の高い継起用法では、動詞の選択制限が因果用法より強いことがわかる。主従節で主語の意味役割や動詞分類が一致しているということは、性格的によく似た事態の接続であるという点で、接続関係の負担が軽いと言え、これは、前後関係がより単純であるということに繋がる。以上、継起用法・因果用法と動詞分類との関係について述べた。最後に、用法の特徴について中国語と対照し、別の角度から観察することとしたい。

4．中国語との対照

　両用法について、中国語と対照して考察を加えることとしたいと思う。
(21) 今天晩上朋友来，我买点儿喝的东西。
　　　今晩友達が来てから飲み物を買います。
　　　今晩友達が来るので飲み物を買います。
(22) 今天晩上朋友来，所以我买点儿喝的东西。
　　　今晩友達が来るので飲み物を買います。
　(21)の文では、中国語の場合、継起用法にも因果用法にも解釈できると思われる。つまり、動詞の形式的な時制が表出しないので、時間的前後関係がわからず、両様に解釈できるのである。しかし、(22)では、因果接続詞があるので、因果用法のみの解釈になる。中国語では、上例(21)のように、時間の逆転が生じる場合でも、「因为～所以」のような因果接続詞を使わないで

表現でき、話者の判断で因果関係を強調したいときは、接続詞を用いて表現するようである。しかし、日本語で時間の逆転がある時「て」では、「＊今晩友達が来て飲み物を買います」の様に接続できず、「から、ので」を必ず使う必要がある。一般に、中国語では、特別なマーカーがない場合でも、前後の意味関係で因果関係に解釈できる場合が多く、発話や作文でも因果関係を成立させるには、日本語ほどの細かい制約はなく、前後の因果的内容が整っていれば、比較的簡単に成立する。また、前節で挙げた(13)(14)のように、心理的感覚の内容を伴う場合は、「から、ので」は不自然で、「て」が選択されることが多い。中国語でも、感覚的主観的内容で前後が統一されているときは、結果補語、程度補語などを用いた表現が多く、因果接続詞があまり用いられないようである。

(23) 手指疼得弯不过来。
　　　指が痛くてまがりません。
(24) 手脚麻木，动弹不了。
　　　手足が麻痺して動けません。

上例はいずれも「から、ので」は使用できず、テ形接続だけが選択される例である。しかし、後節に命令、依頼など、話者の心理的なモダリティが含意されるときは、どちらの言語でも、因果接続詞「因为～所以」「から、ので」が必要になるようである。

(25) 因为我头很疼，所以想要请假。(？我头很疼，想要请假。)
　　　頭が痛いので、休みを取りたい。(？頭が痛くて休みを取りたい。)

中国語においても、前後で視点のずれが問題となるような時には、接続詞を用いる必要があると思われる。しかし、どのような場合に因果接続詞が必ず必要なのか、また、どの部分が重なるのかは、より詳細に調べる必要があり、更に考察を加えていきたいと思う。

また、ハングル語では「て」「ので」の区別が比較的はっきりしており、その点で日本語とよく似ていると言う。(韓国語話者の指摘による。)

以上の観察から、中国語では継起表現と因果表現の相違が小さく、また、

用法固有の文法的規則も日本語ほど明確ではないことがわかった。

5．この章のまとめ

　継起用法と因果用法の相違点について、主語の意味役割や、動詞の選択制限などを中心に考察を加えた結果、特に継起用法では動詞の選択制限に時間的な性質が深く関わっていることがわかった。ここまでの研究では、動詞連用形用法の分類のうち、並列用法以外のものについて、その文法的特徴を観察してきたが、最後に、並列用法と動詞分類との関係についても、章を改めて考察を加えることとしたい。

注
1)　「～ないで」「～なくて」などの否定形の研究については今回の研究対象から外すこととする。
2)　第1章では、テ形節分類で、継起用法のテ3と因果用法のテ5の中間としてテ4を挙げた。テ4は、「その俳優はA賞を受賞して、人気が出た」のように両義的な文である。この章では、なぜ、このような文が両義的に解釈されるのかについても考察したい。

第4章　並列用法と動詞分類との関係

1．並列用法の意味規定

　並列用法について考察する前に、再度並列用法の意味規定について確認しておくこととしたい。
〈テ形〉
　（１）　遠足で三年生は奈良に行って、五年生は京都に行った。テ６
の様に、ある意味的範疇に属する要素を、それらの生じた時間の順番に関係なく、並列的に並べたもの。いわゆる「並列」の用法。第１章のテ６に当たる。
〈マス形〉
　（２）　その時校長は田中氏であり、教頭は鈴木氏でした。シ３
の様に継起・因果などの関係にない複数の事態を並列的に並べたもの。「並列」の用法。第１章のシ３に当たる。
　動詞連用形の並列用法は、他の用法と比べて、従属度が低く前後関係が自由であり、比較的他の並列的接続成分に近いと言える。
　しかし、やはり、接続詞や接続助詞などの文法的な並列成分ではなく連用形接続であるという点で、この用法にも特徴が見られる。特に、「Ｐそして Ｑ。」などの等位接続詞で繋がる並列文は、テ形接続の並列文「ＰてＱ。」と比べ前後節内容に規制がなく、動詞選択も、より自由であることは直感的に判断できる。
　中俣（2007）では、「「テ」による並列は、同一場面指向が強いが、対比的内容の場合は同一場面ではない場合も許容される。」としている。同一場面

指向などの内容的制限があることは、「そして」などの強い接続力で繋がった並列文より接続力が弱いことを表している。また、対句的表現になっている場合では、視点の統一が起こり、構文的な接続力が強まるので、同一場面ではない場合も許容されると考えられる。

次に動詞連用形の並列用法と類似した用法を持ついくつかの文法形式（接続助詞）と比較観察し、動詞連用形の並列用法の性質を明らかにし、動詞分類との関係についても調べたいと思う。

2. 他の並列成分との比較考察

前節で述べたように、他にも並列の働きをもつ成分があり、それぞれ用法上の相違が見られるが、これらの多くは並列助詞であり、並列・列挙の用法がある。これらの助詞類との比較考察のために、並列の結束的性質が現れやすいと思われる文型、「～A～Aする」「～A～AのN」「～A～Aが～」を設定し、それぞれの並列成分で許容度を観察し、比較することとする。ここでは、「～て～てのN」などの様な体言的構文を設定し、並列成分の結束性を観察することにしたい[1]。結束性の強弱の観察により連用形接続の接続に関する性質を他と比較し、マス形やテ形の連用形並列の性質を異なる側面から考察し、動詞分類との関係性について調べたいと思う。

2.1 文型による許容度の観察

「～A～Aする」の文型で、それぞれの許容度を観察する。
・「～A～Aする」テスト
「マス」＊暇な時はテレビを見、マンガを読みします。
「テ」　＊暇な時はテレビを見て、マンガを読んでします。
「たり」暇な時はテレビを見たり、マンガを読んだりします。
「とか」？暇な時はテレビを見るとか、マンガを読むとかします。
「やら」＊暇な時はテレビを見るやら、マンガを読むやらします。

　　　　　Cf.急ぐ時はファックスを送るやら電報を打つやらしなければならない。
「だの」＊暇な時はテレビを見るだの、マンガを読むだのします。
　　　　　Cf.急ぐ時は、ファックスを送るだの電報を打つだのしなければならない。
「なり」＊暇な時はテレビを見るなり、マンガを読むなりします。
　　　　　Cf.急ぐ時はファックスを送るなり電報を打つなりしなければならない。
「か」　暇な時はテレビを見るか、マンガを読むかします。
「も」　?暇な時はテレビを見も、マンガを読みもします。

次に、「～A～AのN」の許容度を観察する。
・「～A～AのN」テスト
「マス」＊テレビを見、マンガを読みの生活
「テ」　＊テレビを見て、マンガを読んでの生活
　　　　　Cf.歌って踊っての一時間
「たり」テレビを見たりマンガを読んだりの生活
「とか」?テレビを見るとかマンガを読むとかの生活
　　　　　Cf.修理に出すとか部品を付け替えるとかの解決策
「やら」??テレビを見るやらマンガを読むやらの生活
　　　　　Cf.訪問団は、花束をもらうやら握手ぜめに遭うやらの歓迎を受けた。
「だの」＊テレビを見るだのマンガを読むだのの生活
「なり」＊テレビを見るなりマンガを読むなりの生活
　　　　　Cf.ファックスを送るなり電報を打つなりの対応
「か」　テレビを見るかマンガを読むかの生活
　　　　　Cf.生きるか死ぬかの瀬戸際
「も」　＊テレビを見もマンガを読みもの生活

最後に、「～A～Aが～」の文型で例示列挙部の主語化について観察する。

・「〜A〜Aが〜」テスト

「マス」＊このレンジは魚を焼きクッキーを焼きができる。
「テ」　＊このレンジは魚を焼いてクッキーを焼いてができる。
　　　　Cf.この店では飲んで食べてが自由にできる。
「たり」このレンジは魚を焼いたりクッキーを焼いたりができる。
「とか」このレンジは魚を焼くとかクッキーを焼くとかができる。
「やら」＊このレンジは魚を焼くやらクッキーを焼くやらができる。
　　　　Cf.??急ぐ時は、ファックスを送るやら電報を打つやらが必要だ。
「だの」＊このレンジは魚を焼くだのクッキーを焼くだのができる。
　　　　Cf.??急ぐ時は、ファックスを送るだの電報を打つだのが必要だ。
「なり」＊このレンジは魚を焼くなりクッキーを焼くなりができる。
「か」　＊このレンジは魚を焼くかクッキーを焼くかができる。
　　　　Cf.暇な時はテレビを見るか、マンガを読むかが殆どだ。
「も」　＊このレンジは魚を焼きもクッキーを焼きもができる。

以上の結果をまとめると表6のようになる。

表6：文型テストによる各成分の許容度

	「〜A〜Aする」	「〜A〜AのN」	「〜A〜Aが〜」
マス	×	×	×
テ	×	×	×
たり	○	○	○
とか	○	○	○
やら	×	○	×
だの	×	×	×
なり	×	×	×
か	○	○	×
も	○	×	×

2.2　文型による許容度の観察結果

　連用形の並列用法は、「たり」「とか」などと比較して、体言化がしにくい。これは、並列部の結束性があまり強くないということを意味している。しかし「飲んで歌って」の様にイディオム化しているものは、比較的許容度が高い。また、「か」は、疑問の要素によって、様々な文型に応じて並列機能を働かせることができると考えられる。

　一般に接続助詞で繋がる並列文では、並列される命題に統一性がなければならず、「昨日は雨が降って、太郎は痩せている」のようなものは非文となる。この性質はどの並列成分でも共有される。

　結束性並列機能が最も発達しているものは、「たり」「とか」であり、「たりとか」のように複合助詞として用いられることもある。しかし、「とか」は「人に聞くとか、辞書で調べるとか、早くしろ」などのように、例示したもののいずれかを選択させるという言外の意味もあり、そのような意味のない「たり」とは全同ではない。また、「か」「なり」も例示要素の中から選択させる意味合いがあり、「やら」「だの」は例示要素に時としてマイナス要素を含み例示・列挙内容が制約を受け、ニュアンスが異なる場合も見られる。また、「たり」の様に体言化が容易で結束性が強いということは、何らかの結束的内容や形式が成立条件となる事を示し、この点で連用形並列とは異なる。連用形並列では等位的に繋がった文は独立度が高く、形式的な制約がない点で、動詞選択の点でもより自由であると思われる。

　これらの観察を通じて、連用形の並列用法は他の成分と比べ体言化などの点で結束性が弱いが、形式自体に制約はなく、また動詞選択などの点で並列節自体の独立度は高いことが分かった。

3．並列用法に選択される動詞と主語の意味役割の観察

　ここまでの研究で明らかになった様に、連用形の用法のうち、従属度が高いものでは主従節の動詞にかなり厳しい選択制限が見られ、用法的な特徴が

あった。また、前後節の主語の意味役割にも一定の制限が見られた。しかし、並列用法では最も従属度が低く、前後節の動詞の性格的な制限はほぼ見られず、主語の意味役割の組み合わせも比較的自由であった。並列用法の特徴をより明らかにするため、動詞分類との関係について調べることとしたい。

3.1 並列用法と動詞分類との関係

前述の工藤（1995）の動詞分類、即ち、Ⅰ―外的運動動詞、Ⅱ―内的運動動詞、Ⅲ―静態動詞、Ⅰの下位分類として、①主体動作・客体変化動詞、②主体変化動詞、③主体動作動詞の分類に従って並列用法で選択される動詞を観察することとしたい。それぞれの分類についての詳しい記述説明は省略することとする。

〈テ形〉
（3） 花子は右耳にホクロがあって、マンガをいつも読んでいた。（Ⅲ／③）
（4） この地方は夏は雨がよく降って、気温は摂氏30度くらいです。（③／Ⅲ）
（5） 香川県人は皆うどんをよく食べて、性質は勤勉らしい。（③／形）

〈マス形〉
（6） その年、兄は還暦を迎え、私は姉とヨーロッパに行った。（③／②）
（7） この地方では夏は雨がよく降り、気温は30度くらいです。（③／Ⅲ）
（8） 旧正月にはどの店も玄関に縁起物を吊るし、人々は正月の特別番組を楽しむ。（①／Ⅱ）

例文の前後節での動詞は、分類的な偏りがなく、ほぼいずれの分類からも選択されている様である。しかし、前節でⅡの内的運動動詞が選択された場合、因果解釈に傾きやすいことが観察される。

（9） 太郎は目立ちたいと思っていて、派手な格好が好きだ。

上例の様な場合は因果的解釈に傾くようである。次に主語の意味役割を観察する。

3.2 並列用法と主語の意味役割

主語の意味役割（θ-role）を第1章と同様に分類し、前後節の主語の意味役割について前掲の例文を再度提示して調べることとする。また、以下の例文は全て前後節で主語が異なっているものを設定した。

〈テ形〉
（3）　花子は右耳にホクロが<u>あって</u>、マンガをいつも<u>読んでいた</u>。
　　　（T/A）
（4）　この地方は夏は雨がよく<u>降って</u>、気温は30度くらい<u>です</u>。（O/T）
（5）　香川県人は皆うどんをよく<u>食べて</u>、性質は<u>勤勉</u>らしい。（A/T）

〈マス形〉
（6）　その年、兄は還暦を<u>迎え</u>、私は姉とヨーロッパに<u>行った</u>。（T/A）
（7）　この地方は、夏は雨がよく<u>降り</u>、気温は30度くらい<u>です</u>。（O/T）
（8）　旧正月にはどの店も玄関に縁起物を<u>吊るし</u>、人々は正月の特別番組を<u>楽しむ</u>。（A/E）

以上の観察から、並列用法では、意味役割の組み合わせは様々であることがわかる。また、テ形とマス形で相違は殆ど見られず同様の結果となった。

前述の様に意味役割が同質の主語を取るということは、事象の質的統一が要求され、節間の結びつきを緊密にしているということである。従属度の高い付帯用法では主従節で同一の主語でなければならなかった。また、継起用法でも主従節で同じ意味役割が選択されたが、これは、この用法の従属度の高さを意味している。これらに対し、因果用法では意味役割が様々であり、必ずしも一致する必要がなかった。そして、更に並列用法では、主語の意味役割に関しては選択制限が見られず、ほぼ自由に選択され、最も従属度が低いと言えるであろう。以上、主語の意味役割について考察を加えた。

3.3 形容詞連用形並列用法の観察

次に形容詞についても連用形並列用法を観察し、比較考察することとする。
〈クテ形〉

(10)　花子は賢くて朗らかだ。

(11)　この部屋はきれいで明るい。

〈ク形〉

(12)　花子は賢く美しい。

(13)　＊この部屋はきれいに明るい。

(13)の様に、ナ形容詞では、ク形で並列用法が見られない。また、

(14)　この部屋はきれいで気持ちいい。

では、形容詞の評価性の強さによって、前後節が因果的に解釈されやすい。

(15)　＊この店は広くておいしい。

上例では、店の属性が「建物」と「味」の両面にわたっており、統一性がないので非文となる。

以上の観察から、形容詞の並列用法では、動詞の場合と異なる意味的、形式的な制限があることがわかった。構造的問題とは別のレベルの要因により、選択制限が働いていると考えられる。

また、継起用法では形容詞が用いられないという用法の特徴があったが、これは用法の時間的性質とも関係していた。並列用法では選択される動詞の時間的性質は自由であり、時間的な前後関係にも制限がない。

最後に中国語と対照し、用法の性質特徴について更に調べたいと思う。

3.4　中国語との対照

中国語と対照し、用法の性質特徴について更に調べたいと思う。

(16)　又哭又笑。(泣いて笑う、泣いたり笑ったりする)

(17)　有時来有時不来。(ある時は来てある時は来ない、来たり来なかったりする)

中国語のいわゆる並列用法には、上の様な例文が対応すると考えられるが、日本語よりも対比的意味合いが強く、対照的内容のイディオムとして用いられているものが多いと思われる。元来、節関係を文脈的に判断する傾向があり連用形などの屈折変化もないので、厳密な意味で連用形並列には対応しに

くい。日本語の並列用法では、選択される内容はほぼ自由で動詞的制限も見られないのに対して、中国語の表現では対比的形態を取るため、この文型ではむしろ形式的・意味的制限が強いということが観察される。選択される動詞も同じような文法的性質を持つものが要求されるようである。

4．この章のまとめ

並列用法では、選択される動詞の時間的性質は自由であり、時間的な前後関係にも制限がないことがわかった。しかし、「たり」「とか」などと比較して体言化がしにくい。これは、並列部の結束性があまり強くないということを意味している。また、形容詞の並列用法では、動詞の場合と異なる意味的、形式的な制限があることがわかった。

継起用法では形容詞が用いられないという用法の特徴があったが、これは用法の時間的性質とも関係していた。並列用法では、選択される動詞の時間的性質は自由であり、時間的な前後関係にも制限がないため、どの様な種類の述語でも選択することができる。また、心理的評価的内容の述語が選択されると因果解釈に傾くことも観察された。

以上、第1章から第4章まで、連用形接続の用法について、動詞分類との関わりや主語の意味役割などの観点から考察を加えたが、それぞれ動詞の時間的性質と深く関わっていることがわかった。次に、以上の考察を総括し、まとめることとしたいと思う。

注

1) 森山（1995）、寺村（1991）では、「たり」の用法について「一部列挙」の意味合いが強いとある。また江口（1997）では、「とか」「たり」は要素を挙げていくことによって「集合を新たに設定していく」ものであると指摘している。

第5章　動詞連用形接続についての総括

1．用法全体のまとめ

　この章では、これまでの考察結果を踏まえて、動詞連用形節の動詞的性質を総括し、まとめることとする。

　第1章では、連用形の用法を主節への従属度という観点から観察した。第2章では付帯用法、第3章では継起用法、因果用法を、第4章では並列用法について更に詳しく考察し、各用法を動詞分類との関係性や前後主語の意味役割などから観察した。

　各用法で選択される動詞のうち、最も動詞の性質的制限が強いものは、従属度の高い付帯用法テ1、テ2、そして継起用法テ3、シ1であった。また、因果用法や並列用法では、動詞の選択に大きな制限は見られなかった。また、主語や意味役割組み合わせの観察においても、付帯、継起用法では主語や意味役割が一致していなければならない場合が殆どであった。

　付帯用法では、主節主語の動作の様態を補足説明し、継起用法では、従属節で表された動作が終了した後に、主節動詞の表す動作・状態が後続する。

　付帯用法では、主節動詞との同時性が、継起用法では主節動詞との時間的前後関係が保証されなければならないので、どちらも時間軸上での動作を表す動詞が選択される。従って「有る」「存在する」などの純粋な状態性を有する動詞は選択されない。また、付帯用法では何らかの「持続」を含意しているものだけが選択されるという特徴があった。同時性を表す付帯用法では、強く「完結性」を表す動詞句を選択することができなかったが、継起、因果、並列用法では「完結性」のある動詞を選択することができる。特に継起用法

では前節の事態が終了後に後節の事態が続くことを意味するので、前節の事態が強く「非限界」を意味する述語は選択されない。これらには、状態動詞、心理的動詞、形容詞などが含まれる。

以上の様に動詞の性格的制限という観点から見て、最も制約が強いのは付帯用法であり、次に継起用法が続き、ほぼ全く自由であるのは、並列用法であると言えるが、これらの現象は主節への従属度の高低を反映しているということができる。また、付帯用法の動詞ではテ形のみ選択され、マス形は選択されないという、非対称的現象が見られた。この点から、二種の連用形で従属度は全く同じではなく、動詞ではテ形の方がより従属度が高いということが言えるであろう。また、二種のうち従属度の高いものしか選択されないという非対称的現象からも、付帯用法は他の用法と比べて従属的性質が強く、もともとの動詞の性質が弱くなって主節の状況説明的な副詞成分に近くなっていることがわかる。

2. 各用法の特徴

以下、各章での用法毎の考察結果について簡単に触れる。

2.1 付帯用法

第2章では付帯用法を下位分類し、五種類（a.動作主の状態、b.ものの状態、c.動作主の主体的動作、d.心理状態、e.その他）とし、それぞれについて考察を加えた。以上の分類について主語の意味役割を見ると、a.動作主の状態では、主従節の主語は同主語であり、殆どの場合、主語の意味役割も主従節共にAgentが選択された。b.ものの状態では、主従節の主語は同主語であり、一部の例外を除き、殆どの場合、主語の意味役割も主従節共にThemeが選択される。c.動作主の主体的動作では、主従節の主語は同主語で、主語の意味役割もほぼ全ての場合、主従節共にAgentが選択される。d.心理状態では、他の分類と同じく主従節の主語は同主語であるが、主語

の意味役割は主従節で異なっており、付帯節主語の意味役割は心理動詞を述語とするExperiencerが選択され、主節主語の意味役割は、ほぼAgentが選択された。この現象については、また、章を改めて考察を加えたいと思うが、前後節で結束性が高いことがこの用法の特性であり、意味役割の一致がほぼ条件とされるので、この場合のExperiencerはAgentに近いものであると推測される。 e．その他では、他の分類と同じく主従節の主語は同主語であるが、主語の意味役割は主従節でやや異なっており、付帯節主語の意味役割は、弱い意志を持つagentが選択され、主節主語の意味役割は、ほぼAgentが選択される。しかし、どちらも意思性を示す意味役割であるという点で一致している。

　従って付帯用法では、動詞は何らかの持続の意味を含意するものという制約があり、主語には、前後同一で意味役割が何らかの範囲内で一致しているという制約があるということができる。また、動詞の時間的性質による制限が厳しく、無アスペクト動詞は許容されない。そして客体変化を表すものも許容されない。

2.2　継起用法と因果用法

　第3章では、連続していると思われる継起と因果の相違点という観点から考察を加えた。継起用法では、主語や意味役割の一致などの文法的形態が重要であり、時間的継起関係や、意味的な整合性も必要であった。従って動詞も時間的性質に制限があり、主語の意味役割も殆ど前後節でAgentが選択された。この点では付帯用法と同じく制限が比較的強いということができる。

　これに対して、形態よりも、因果的な内容が重要であるのが因果用法であると言える。主語や意味役割の一致などは、必要ではないが、時間的継起関係や、因果的な意味の整合性が重要であり、この点で、カラ節などよりも従属度が高いと判断され、この点では継起用法と共通している。心理述語文が多く見られるのは、前後節で心理主体の視点の統一が起こりやすい点で因果文と整合性があるからであろう。

動詞選択については、継起用法では、どちらも運動動詞（動作動詞・変化動詞）が一致して選択されているが、因果用法では、工藤（1995）の分類のⅡ類、つまり心理的な動詞が多く選択され、また、テ形節と主節で動詞分類は必ずしも一致していない。心理述語文が多く見られるのは、前後節で心理主体の視点の統一が起こりやすい点で因果文と整合性があるからであろう。

　付帯用法では、動詞の性質に何らかの持続の含意が必要という制限があったが、継起用法・因果用法では、動詞の選択においてこれとは異なった傾向が見られた。継起用法では、動作性の動詞が多く選択され、主節と同じ分類の動詞が選択される傾向があり、また、Ⅱ類の心理的な動詞は選択されにくいことが観察された。これは、選択された場合、因果解釈に傾きやすくなり、文意が保持できないためと、「悲しむ・うらむ」などの心理的な動詞が限界性を表しにくい事とも関係していると思われるが、この点については後で詳しく述べることとしたい。

　また、時間的継起関係が必須であるため、付帯用法と同様、Ⅲの状態性の動詞は選択されない。そして、継起用法に形容詞表現が許容されないことも、非限界性の強い述語は選択できないことを意味している。反対に因果用法では、Ⅱ類の心理的な動詞が多く選択される傾向が見られる。これは先ほど述べた理由によるものであろう。また、時間的継起関係が必須である点では、共通しているが、前後の動詞で同じ分類のものが選択されるとは限らない。また、時間的な前後関係は必要ではあるが、必ずしも運動動詞ではなく、Ⅲの状態性の動詞も選択されうる。これらの点で、継起用法よりは、選択制限がゆるやかであることがわかった。主従節で動詞分類が一致しているということは、性格的によく似た事態の連続であるという点で、接続の負担が軽いと言え、これは、前後関係がより単純で密接であるということを意味する。

　継起用法では動詞の時間的性質の制限が厳しく、因果用法ではよりゆるやかであると言える。

2.3　並列用法

　第4章では、並列用法について調べ、他の並列成分との比較などを通じて考察を加えた。並列節の動詞は分類的な偏りがなく、ほぼいずれの分類からも選択されている。しかし、Ⅱの内的運動動詞や主観的評価的形容詞が選択された場合、並列解釈より因果解釈に傾きやすい傾向が見られる。また、前後節で主語の意味役割を観察すると、並列用法では意味役割の組み合わせは様々であり、また、テ形とマス形で相違は殆ど見られず、同様の考察結果となった。並列用法では動詞の時間的性質の制限が最もゆるやかであると言える。以上の考察結果を基に、動詞連用形の用法とそれぞれの動詞的性質を総括し、図表によって表してみたいと思う。

3．各用法の考察結果の総括図表

　主語や主語の意味役割が前後節で同じであるということは、事象の質的統一が要求され、節間の結びつきを緊密にしているということである。
　従属度の高い付帯用法では主従節で主語が同一でなければならなかった。また、継起用法でも、主従節の主語で同じ意味役割が選択されたが、これは、この用法の従属度の高さを意味している。これに対し、因果用法では、意味役割が様々であり、必ずしも一致する必要がなかった。そして、並列用法では、主語の意味役割に関しては選択制限が見られず、ほぼ自由に選択されると言え、より従属度が低いと言えるであろう。
　また、選択される動詞や前後節動詞の組み合わせについても同様のことが言え、付帯用法では、再帰的性質をもつものや②または③の客体変化を含意しない運動動詞、心理的運動動詞だけが選択され、主従節の組み合わせも、付帯節の動詞と同様に②や③の運動動詞が主節に来る場合が殆どである。客体変化を含意する①の動詞や状態性動詞のⅢの動詞は許容されず、また、「〜終わる」をつけることができない動詞、つまり完結性を含意しない動詞のみが許容され、テンス的には同時性を、アスペクト的にはatelicで持続性

を持つものに限られるということができ、マス形は選択されず、動詞制限が非常に強いと言える。

　継起用法では、選択される動詞や前後節動詞の組み合わせについては、殆ど運動動詞が選択されると言え、①②③の運動動詞で、後続の主節動詞と時間的前後関係を構築できるものに限られる。Ⅱの内的運動動詞は因果的解釈に傾きやすく、また、Ⅲの状態性動詞は継起関係に必要な前後関係を表せないので選択されない。主語の意味役割は前後節でAgentの場合が殆どである。

　テンス的には時間的継起性を、アスペクト的にはtelic又はatelicで動詞句要素などによって継起性を持つことができるものに限られるということができ、動詞制限が付帯用法に次いで強いと言える。

　因果用法では、選択される動詞や前後節動詞の組み合わせについては、殆ど制限が見られず、運動動詞も状態動詞も許容されるが、他の用法に比べⅡの内的運動動詞が多いという傾向がある。時間的前後関係は守られる必要があり、前後節で逆転できない。また、主語の意味役割は前後節で自由であるが、Agentの組み合わせの場合、強い因果関係がないと継起用法解釈に傾き、両用法は連続していると思われる。テンス的には時間的継起性が必要であるが、アスペクト的には自由であり、動詞制限が前述の用法よりは緩やかであると言える。並列用法では、選択される動詞や前後節動詞の組み合わせについて殆ど制限が見られず、他の用法に比べ緩やかであるが、Ⅱの内的運動動詞は、あまり見られず、選択された場合は因果解釈され易い。しかし、時間的前後関係は自由で、前後節で可逆的である。また、前後節主語の意味役割は自由で、テンス的にもアスペクト的にも制約がなく、動詞の選択において最も緩やかであると言える。

　最後に、以上の考察結果を次頁表7にまとめることとする。

　この結果を基に、連用形の各用法を構造的に分析し、樹形図を用いて表すこととする。従属度を基準に統語構造を考えて用法をVP、IPで表し、それぞれの用法で典型的な例文を挙げ、具体的な動詞句や名詞句を各句範疇に当てはめることとする。

第5章　動詞連用形接続についての総括　73

表7：各用法における動詞と主語の意味役割などとの関係

	動詞分類との関係 〈選択可能な分類〉 〈主従節動詞分類の異同〉	前後主語の意味役割	テ形・マス形の差異
付帯用法	〈②、③、Ⅱ〉①×、Ⅲ× （客体変化、状態は不可） 〈主従節で同分類必要〉	必ず一致 Theme, Theme Agent, Agent Experiencer, Agent	テ形のみ （マス形は不可）
継起用法	〈①、②、③〉Ⅱ×、Ⅲ× （心理、状態は不可） 〈主従節で同分類必要〉	原則的に一致 Agent, Agent	差異は殆ど無し
因果用法	〈①、②、③、Ⅱ、Ⅲ〉 （心理動詞多い） 〈主従節で異なる分類可〉	一致不要 Agent, Experiencer Theme	差異は殆ど無し
並列用法	〈①、②、③、Ⅱ、Ⅲ〉 （心理動詞少ない） 〈主従節で異なる分類可〉	一致不要 Agent, Experiencer Theme	差異は殆ど無し

（1）　付帯用法：太郎はしゃがんで絵を描いた。（図1）
（2）　継起用法：太郎は封を切って手紙を読んだ。（図2）
（3）　因果用法：太郎は財布を忘れて引き返した。（図3）
（4）　並列用法：太郎は大阪に行って次郎は東京に行った。（図4）

以上の例文で句構造を考え、マス形の構造もこれに準ずると考えることにする。

四つの樹形図（図1～図4）のうち、付帯用法は、主節動詞句に完全に従属し、動詞句の付加位置にある、副詞的な成分であると思われる。持続のアスペクト的要素を持ち、動詞句内要素であるという点からも従属的性格が非常に強いということが言える。

また、内丸（2006）では、「付帯用法の「テ」は、アスペクトマーカーであり、「テ」それ自体がアスペクト句を構築する主要部として機能している」としており、この見方は、本研究での考察結果と重なり合うと思われる。付

図１（付帯用法）：太郎はしゃがんで絵を描いた。

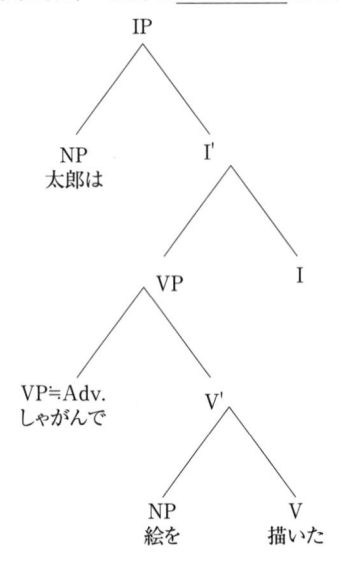

```
              IP
             /  \
           NP    I'
          太郎は  / \
               VP   I
              /  \
         VP≒Adv.  V'
         しゃがんで /  \
                 NP    V
                 絵を  描いた
```

図２（継起用法）：太郎は封を切って手紙を読んだ。
　　　　　　　　　　　　切り

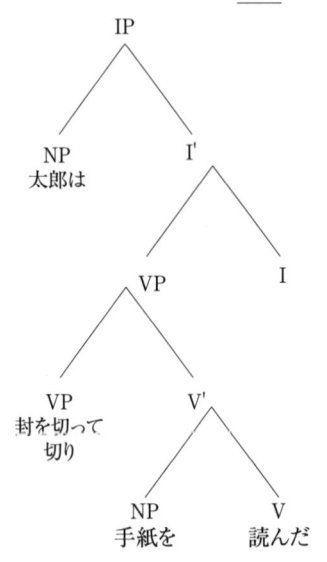

```
              IP
             /  \
           NP    I'
          太郎は / \
              VP   I
             /  \
           VP    V'
         封を切って /  \
          切り    NP    V
                手紙を  読んだ
```

図3 (因果用法):太郎は財布を忘れて引き返した。
<u>忘れ</u>

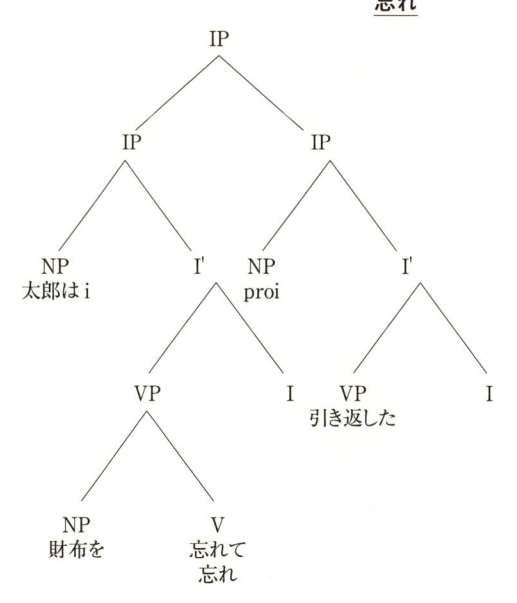

```
            IP
          /    \
        IP      IP
       /  \    /  \
      NP   I' NP   I'
     太郎はi   proi  
          |      /  \
          VP    I  VP    I
         /  \      |
        NP   V   引き返した
       財布を 忘れて
            忘れ
```

帯用法の「テ」がアスペクトマーカーであれば、第2章の考察結果である、「付帯用法に選択される動詞は状態動詞などのアスペクトを含意しないものは許容されない」という性質の傍証となりうる。また、経験者主語を持つ心理動詞が、付帯用法で選択されるということは、これらの心理動詞が動作動詞と同様にアスペクト的性質をもつということの証明になりうる。

表7からも伺える様に、心理動詞は連用形接続に選択される動詞群において特徴的な分布を見せており、心理動詞のアスペクト的性質を見極めることは、連用形接続の考察において重要であると思われる。継起用法は、副詞的成分よりは動詞句としての独立性が高いが、やはり、主節動詞句に支配される構造であると思われる。文末のモダリティの支配下に入ることや、一連の複合動作の構成要素と見ることができるからである。この点で、INFL句としての独立性はなく、時制支配的な時間関係ではなく主節動詞との相対的前後関係を指示する成分であると言えるであろう。

図4（並列用法）：太郎は大阪に行って次郎は東京に行った。
　　　　　　　　　　　　　　行き

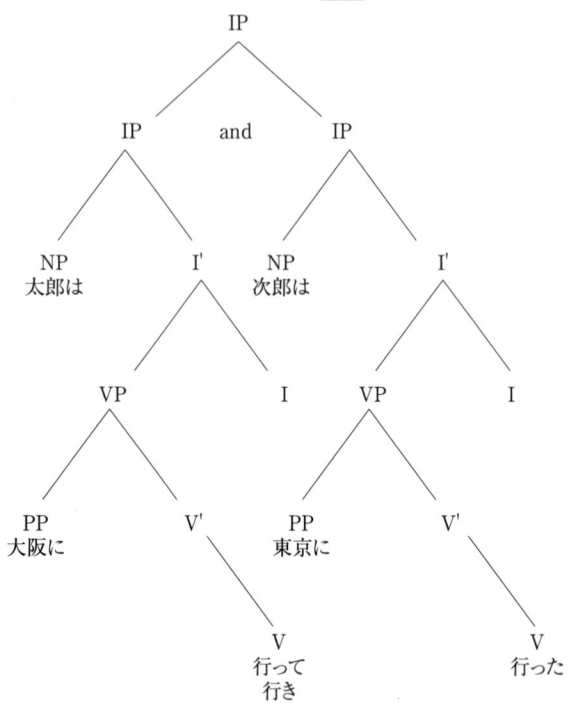

```
                    IP
                   /  \
                  /    \
                IP    and    IP
               /  \         /  \
              /    \       /    \
            NP     I'     NP    I'
           太郎は  / \    次郎は / \
                VP   I        VP   I
               /  \          /  \
              PP   V'       PP   V'
             大阪に  \      東京に  \
                    V             V
                   行って          行った
                   行き
```

　因果用法は、付帯や継起よりは独立性が高く主節動詞句には支配されない構造であると考えられる。カラ節やノデ節は後置詞句PPを構成すると思われるが、「テ」は因果接続助詞としての機能が弱く、PPとは認められない。

　並列用法は、主語も時制も主節の支配を受けないので、時制節IPを連ねる重文構造をとると考えられ、andのような等位接続詞で連結された構造であると考える。この場合、「テ」は、並列接続詞としての機能は非常に弱いと考えられる。接続成分が無いマス形でも等位的に接続されているからである。

　前掲の内丸（2006）では、付帯用法のみが動詞句の付加位置に生起し、他の用法はすべて等位構造をとるとし、詳細な記述がある。

　本研究では用法観察の結果、付帯用法は同様に付加的成分と解釈するが、

継起用法ではより強い従属性があると考え、並列構造とは異なっていると判断する。また、因果用法は並列用法と共に、主節支配を受けないと判断する。そして構造の相違が文法現象に影響しており、動詞の性格的特徴と各用法の構造的な特徴も無関係ではなく、テンスやアスペクトなどの時間的性質との相関も見られる。

　付帯用法は動詞句内要素であり、テンス的には同時性を、アスペクト的にはatelicで持続性を持つものに限られ動詞制限が非常に強いと言える。なぜならば、アスペクト的な性質を強く持つことで付帯状況の説明機能を有するのであるから、この性質を顕著に持つものに限られるわけである。再帰的なものや②または③の客体変化を含意しない運動動詞、心理的運動動詞だけが選択される。客体変化を含意する①の動詞や状態性動詞のⅢの動詞が許容されないのは、客体変化は他動詞句としての独立性が強く、副詞的な主節内要素として許容されないため、また、状態性のⅢの動詞はアスペクト的観点から見て持続性を持たないからであろう。また、終了限界を意味する「～終わる」をつけることができない動詞、つまり完結性を含意しない動詞のみが許容される点も、アスペクト的な制約が強いことを表している。

　継起用法では、同様に主節動詞句に支配されるので、制約が強く、選択される動詞は殆ど①②③の運動動詞だけで、後続の主節動詞と時間的前後関係を表すことができるものに限られる。付帯用法とは逆に終了限界を意味する「～終わる」をつけることができる動詞、つまり完結性を含意する動詞が選択され、持続のアスペクト性が強いものは付帯用法解釈になるので、この点にアスペクト的な制約が表れている。また、主節との時間的関係を表現するテンス的性質を有することが条件であり、Ⅲの状態性動詞は前後関係を表せないので選択されない。同じく、Ⅱの心理的運動動詞は因果的解釈に傾きやすく選択されない。

　因果用法では、付帯や継起よりは独立性が高く、主節動詞句には支配されないが、内容の因果的統一を必要とし、この点で並列用法よりは制約が強い。選択される動詞は制限があまり見られず、運動動詞も状態動詞も許容される

が、他の用法に比べⅡの心理的運動動詞が多く、テンス的な制約として、時間的前後関係は守られる必要がある。しかし、アスペクト的には自由であり、持続性、完結性ともに許容され、制限は緩やかであると言える。

　並列用法では、主節の支配を受けず、重文構造をとると考えられ、選択される動詞や前後節動詞の組み合わせについて殆ど制限が見られず自由である。時間的前後関係も自由で、前後節で可逆的である。構造的に独立性が高いため、テンス的にもアスペクト的にも動詞的制約がなく自由であると言える。

　以上は動詞自体の性質についての考察であるが、動詞句補部成分との関わりについても考慮する必要があると思われる。各用法に選択される動詞分類で、動詞句の成分により影響を受けるものとしては、継起用法が挙げられる。

　（5）　パンを食べて牛乳を飲んだ。
では、並列的解釈になるが、
　（6）　パンを一口食べて牛乳を飲んだ。
では、継起的解釈が強くなる。

　「一口」食べるという動詞句成分の付加によって、終了限界性が含意され、継起的な意味が強くなったためであろう。逆に、付帯用法では、終了限界性が含意されると許容されない。

　（7）　走って学校へ行く。
の様な付帯用法に、
　（8）　家の周りを一周走って学校へ行く。
の様に限界性を加えると、登校前にランニングをした、という読みで継起的解釈が強くなる。

　動詞と動詞句の関係性については、章を改めて考察したいと思うが、連用形用法でも動詞句による意味的影響が観察される。動詞本来の時間的性質は、それ自体強く焼きつけられているが、動詞句補部成分の影響による時間的性質の変化も動詞研究においては看過できない現象である。また、形容詞連用形の観察を通じて、用法制限に動詞とは異なった現象が見られることがわかった。付帯用法、因果用法、並列用法では形容詞が多く選択されるが、継

第5章　動詞連用形接続についての総括

起用法では形容詞は選択されない。また、ク形とクテ形では、従属度の点で差があり、動詞では「テ」が付加されているクテ形の方が高かったが、形容詞では「テ」が付加されない形、即ちク形の方が高く、動詞と形容詞の違いが表出している。動詞の様なアスペクト的性質からの制限がないため、副詞的用法が発達しているク形の方が従属的性格を帯びるのであろう。また、完結性を表現しないという性質により、継起的表現には選択されず、時間的概念において動詞とは異なった関わり方をすることが観察される。いずれにしても、連用形の観察において動詞はテンスやアスペクトなど時間的概念との関係に重要な選択的制約が見られたが、形容詞では、形式的な違いによる従属度の差異や意味的整合性による選択制限が観察される。この相違において、やはり、動詞はその性質に時間的概念が焼きつけられており、付帯用法など従属的な連用形節においても本来のアスペクト、時間的性質は保持したまま、主節動詞の支配的な時間的関わりにおいて整合性を持つと考えられる。そして、動詞句の支配域内ではアスペクトなどの性質的制約が強く支配域外では制約が弱いということが結論として言えるであろう。以上、ここまでの研究では、動詞連用形に焦点を当てて動詞的性質との関わりから考察した。

　ここで、連用形用法に選択される動詞を振り返ると、動詞的な性質という観点から、更に考察を加える必要があると思われるものに内的運動動詞（心理動詞）に関する現象がある。付帯用法では、心理動詞が選択された場合のみ、同一主語にも関わらず経験者主語と動作主主語という意味役割の不一致が許容され、継起用法では、心理動詞は選択されず、逆に因果用法では盛んに選択される。これらの現象は心理動詞の時間的な性質や視点に関する問題と密接な関係があると直感されるが、前述の様に心理動詞については未だアスペクトなどの点で不明確な点が多く、更に詳しい考察をする必要があると思われるので、章を改めて心理動詞の時間的性質を含めた動詞的性質を明確にし、動詞分類全体からもう一度見直すことにしたいと思う。

第6章　心理動詞の動詞的性質について[1]

1．心理動詞研究をめぐる問題点

　前章までは、動詞連用形接続の各用法の研究を通して、それぞれの用法に選択される動詞の特徴を動詞分類の観点から観察し、動詞の接続的機能と動詞の時間的性質との接点について考察を加えた。その結果、連用形接続において、時間的性質特にアスペクト性が深く関わっていることが明らかとなり、また、心理動詞が特徴的な振る舞い方をする点で考察の必要性があることがわかった。

　本章では、未知の領域が多いと思われる心理動詞を取り上げ、これまでの考察結果も踏まえて、更に詳細に調べていきたいと思う。心理動詞に関する先行研究のうち、特に、時間的性質をめぐっては、未解決の問題が多く、再考する余地があると思われるからである。

　国立国語研究所（1985）では、感情や感覚を表すものとして「驚く、あきれる、いやになる、こまる、つかれる、あたまにくる、よわる」等を挙げているが、「変化動詞（疲れる等）の場合には変化の局面が、動作動詞の場合（驚く、あきれる等）には始発の局面が現在以前にまるごと成立したことを表すのだが、その変化なり始発なりの、局面のあとに続く局面が話し手の内部の心的現象であるので、ふたつの局面のさかいめがはっきりせず、結局は変化と結果あるいは始発と動作をともに表してしまって、基準時間との関係がわからなくなる。こうしてアスペクトから解放される。」としている。これらの動詞がアスペクトから解放されているという考え方には問題があると思われ、時間的性質についての問題を解決することが、心理動詞関連の研究

には不可欠であると思われる。

　動きが外面に表出しないという理由や、心理状態には正確な時間的概念が適用されないなどという理由で、アスペクトから解放されているという見方や、一般の動き動詞の分類から外して特殊な動詞として扱うという考え方は、果たして心理動詞の本質に合致しているのであろうか。

　吉永（1997a、1998b）では、心理動詞の時間的性質を中心に研究し、動作動詞的性質を明らかにすることを試みた。本章では、これらの研究をもとに、加筆修正を加えながら心理動詞の本質について再度考察したいと思う。

1.1　心理動詞が動作動詞である論拠

　第2章の付帯節と動詞分類の関係を観察すると、付帯節と主節の主語の意味役割は原則的に同じ組み合わせであり、主従節で共に動作主Agentが選択される場合が殆どであった。そして、付帯節に心理動詞が選択された時のみ、付帯節主語の意味役割がExperiencer、主節の意味役割がAgent、という様に異なった意味役割が許容された。

　前章での記述の様に、付帯用法では主従節の結びつきが非常に強く、主従節同一主語で、意味役割も原則的に一致していなければならなかった。この主語の意味役割の選択制限はかなり強く、次に従属度が高い継起用法でも殆どの場合主従節主語で動作主Agentが共に選択された。また、付帯用法では動詞分類に関してもアスペクト的制約が強く、必ず何らかの「持続」を含意するものでなければならず、また、完結性を表さないものでなければならなかった。つまり、完結性がある動詞を選択することができず、「～終わる」という完結成分の付加が許容されない動詞が選択されたのである。

　次に、付帯節に心理動詞が選択された時のみ、付帯節主語の意味役割がExperiencer、主節の意味役割がAgent、という異なった意味役割が許容される現象の説明としては、心理動詞も運動動詞の一種であり、外的活動を示す動詞に対し内的心理活動を示す運動動詞として「持続」の性質を持ち、同様の範疇に入るということが考えられる。また、後述するが、心理的動作

詞には完結性を表しにくいという特徴があり、この点からも非限界的な外的動作動詞との共通点を推測することができる[2]。例えば、非限界的な述語が選択されない継起用法では、心理動詞が選択されにくいが、この現象も非限界的な動作動詞との共通点を示している。

従来は、動きが外面に表出しないという理由や心理状態には時間的な概念は適用されないなどという理由で、アスペクトから解放されているという見方や、一般の動き動詞の分類から外して特殊な動詞として扱うという考え方が見られたが、最近の心理動詞研究には、これらの考え方とは違った方向性を示しているものもある。心理活動を意味するという性質上、外的活動の動作動詞とはもちろん異なるが、動詞の時間的性質などの動詞的性格から見た場合、動作動詞と同様の分類に入れても差し支えないと思われる。

本章では、心理動詞群を細かく検討して、状態性よりは活動性に富む動作動詞と同類であることを提唱し、考察を加えたいと思う。また、心理動詞研究をめぐる問題で、人称性についての問題は不可欠であるが、これについても少し考察を加えたいと思う。

1.2 心理動詞の人称性についての研究の問題点

金水（1991）は、「悲しむ」「笑う」「信じる」のそれぞれの状況タイプを考え、三人称を主語とする時の「報告」の可否性について考察しているが、「笑う」が他の二者と違って「心から」などの副詞と共起しにくい理由として発話行為の有無を挙げており、この点で筆者の考えと異なる。

「笑う」は心理的色彩を帯びてはいるが、外見的な表情・態度動作が主な意味内容であり、この点で他の二つの動詞と異なっているからだと思われる。「悲しむ」「信じる」は、外見的な表現を積極的に表さないのである。この問題については後でもう一度考えたいと思う。

神尾（1990）は事態の主体や内容が話者と近い関係にあれば、心理動詞文の場合でも三人称主語が許容されるとし、三人称主語が家族や恋人、指導している学生などの場合の例文を挙げている。本研究では、近い関係がなくて

も心理状態が外見的に顕著に表れている場合は、テイル形に限り、三人称主語が許容されると考える。これらの問題点については、次節で詳しく考えたいと思う。以上、先行研究との関わりを簡単に記述した。

次に、心理動詞の意味規定を考え、どの様な動詞が包括されるかについて考察したい。

2．心理動詞の意味規定

感情・知覚感覚・思考など心理作用を表す動詞を心理動詞と呼び、動詞の一分類として扱うが、意味特性から意味規定を考え、いくつかに分類したい。そして、これらの分類について、アスペクトや意志性、人称性などから考察を加え、詳しく観察することとしたい。

心理動詞と認められるための意味規定では、いかに外見表出性が低く、内面性を表現しているかを判断基準としたい。心理動詞の範疇に入るものは、中核的な意味内容が下の三点に合致していることを条件とする。

即ち、心理動詞は中核的な意味内容が、

a．「感情」「知覚感覚」「思考認識」のいずれかの精神作用を表すこと。（怒る、痛む、考える、心をくばる、気がつく、頭を使う、思いつく）

b．表情態度など顕著な外見的兆候を表さないこと。(ex.＊はしゃぐ、笑う、泣く)

c．伝達活動や目的遂行活動を表さないこと。(ex.＊からかう、がんばる)

を満たしているものとする。これらの条件が判断に関わっている例として、次の様なものを挙げる。

（1） OK　私は困った（がっかりした）が、表情は変えなかった（態度には表さなかった）。

（2） ＊私は笑った（泣いた）が、表情は変えなかった。

（3）　OK　何も言わずに心の中で想像した（軽蔑した）。
（4）　＊何も言わずに心の中でからかった（説得した、勧めた）。
（5）　OK　頭の中で計画した（画策した）ことを実行に移す。
（6）　＊頭の中で調査した（相談した）ことを実行に移す。

　また、動詞単独で心理的意味を表すものの他に、派生的なもの（心理的な名詞句と動詞で構成されたもの）も含まれる。これらは、結合の程度差はあるが語彙化が進み、文法的に振る舞いが似ており心理動詞と認められる。派生的なものの例として、次の様なものが挙げられる。

（7）　留学生の進学問題でいつも気をもんでいる（＊心をもんでいる）。
（8）　最後に弾いた曲がいちばん気にいった（＊心に入った）。
（9）　十年来のつきあいでお互いに気を許している（OK　心を許している）。

以上の例は、前述の心理動詞の条件を満たしており、派生的心理動詞と認めることができる。また、「〜がる」「〜くなる」など感情形容詞から構成されたものは考察から省くこととする。

　分類に関する記述としては、国立国語研究所（1972）『動詞の意味・用法の記述的研究』に、「「怒る」は結果的に激しい言葉となって現れることもあるが現象それ自体の成立にとってはどうでもいいことである。従ってその精神状態の成立そのものには相手は必要でない。」という一節がある。外見的に顕著な兆候が表れることがあっても動詞本来の意味に意志的な働きかけや外見表出性がない場合は心理動詞であると判断する。

2.1　意味規定の境界上にあるもの

　特定の文脈や語句の付加により心理動詞の意味規定の境界上を揺れ動くものがかなりあるので、例を挙げて観察することとする。心理動詞と境界を隔てて隣接しているカテゴリーは、例えば、工藤（1995）の分類の「外的運動動詞」の様な、外的に感知される動きを伴う動詞全体である。動詞分類との関わりについては、後で詳しく述べたいと思うが、例えば、仁田（1982）の

分類では状態動詞以外を全て「動き動詞」としており、より統合的な解釈をしている。本研究では、心理動詞を取り出して考察するため、外的な運動を伴うものと便宜的に区別することとする。これらの、外的な運動を伴うものとの境界上にあるものとしては、次の様なものが挙げられる。

ⅰ）驚く、喜ぶ、同情する、祈る、企む、予知する、うきうきする、はらはらする、くよくよする、ぼうっとする…心理動詞だが逸脱した用法があるもの。

(10)　プレゼントをもらって大袈裟に喜んだ。(≠心理動詞)
(11)　友人の無事を新聞で読んで心から喜んだ。(心理動詞)
(12)　その占い師は女性誌で地震を予知していた。(≠心理動詞)
(13)　経済動向を予知して早めに行動する。(心理動詞)
(14)　ぼうっとしていて先生に注意された。(≠心理動詞)
(15)　朝に弱いので起きてからしばらくぼうっとしている。(心理動詞)

これらは、特定の語句の付加などで、解釈が揺れ動きやすい。外部への働きかけや遂行活動などを伴う時、外見的に心理状態が顕著に現れている時、心理動詞より動作動詞に近い。

ⅱ）戒める、詫びる、泣く、居直る…本来、心理動詞ではないが習慣的な用法を中心に心理動詞の用法があるもの。

(16)　二度と危険なことをしないように自ら戒めた。(心理動詞)
(17)　顔で笑って心で泣く。(心理動詞)

これらは心理的な意味が強く、上例の様に心理動詞解釈に傾くこともあり、境界上にあると思われるが、本研究では動作動詞として扱うこととする。これらはその目的に伴った言語行動や外見的な表情・態度・動作の表現活動を示唆し、思考や感情を伴った動作動詞と考えられるからである。

3．心理動詞の下位分類

心理動詞を三つに下位分類し、さらに語構成的な観点からグループ分けを

することとする。(考察対象とした心理動詞は国立国語研究所『動詞の意味・用法の記述的研究』や新聞、国語辞書などから採取した。)
〈心理動詞の下位分類〉
　①感情的心理動詞—悩む、困る、あきれる、あせる、悲しむ
　　〈感情〉…色々な精神状態、心理的作用。(喜怒哀楽、好き嫌い、高揚・落胆など)。
　②知覚感覚的心理動詞—痛む、痺れる、震える、音がする
　　〈知覚感覚〉…感覚器官からの刺激により感知される神経作用。具体的。
　③思考認識的心理動詞—思う、考える、疑う、信じる、分かる、覚える
　　〈思考認識〉…知的な精神活動。目的を伴うことが多く、能動的、意志的。
「むかつく、感じる」など①と②、あるいは③にまたがっているものはより中核的な意味で判断した。
　次に語構成のグループには以下の様なものがあると思われる。
　◆語構成のグループ
　　ア) 和語起源のもの
　　イ) 漢語起源、派生的なもの
　　ウ) 擬態語起源のもの
①〜③のそれぞれの分類の動詞について、語構成のグループ分けをすることができると思われる。
　また、「肩がこる、歯が痛む、喉がはれる、筋がちがう、脚がつる」などは「生理動詞」とするべきかもしれないが便宜的に一括して扱う。
　次頁表8、9、10で、心理動詞を分類別に挙げたものをまとめることとする。
　①感情的心理動詞は最も多く採取されたが、派生的なもの(「気」「心」などの複合語)、擬態語起源のもの(ほっとする、かっとする)が特に多かった。一般に和語より漢語起源のものの方が感情の程度が強い。「驚く」より「驚愕する、仰天する」、「怒る」より「激怒する、逆上する」などの方が激しい感情を表す。

表8 ①感情的心理動詞

和語起源	驚く、まいる、あがる、喜ぶ、困る、のぼせる、キレる、苦しむ、悩む、迷う、耐える、愛する、楽しむ、諦める、慕う、偲ぶ、悲しむ、のろう、落ち着く、弱る、あきれる、焦る、飽きる、恐れる、怯える、こらえる、忍ぶ、慣れる、滅入る、憎む、戸惑う、ためらう、あがる、あこがれる、うらむ、好く、嫌う、妬む、蔑む、侮る、悔やむ、ほれる、尊ぶ、そねむ、ひがむ、しらける、ひるむ、めげる、懲りる、のぼせる、まいあがる
漢語起源	逆上する、心配する、激怒する、失望する、落胆する、意気消沈する、驚愕する、退屈する、感謝する、感動する、感激する、感心する、同情する、同意する、共感する、安心する、敬服する、後悔する、軽蔑する、嫉妬する、尊敬する、仰天する、緊張する、畏敬する、実感する、抑圧する、挫折する、満足する
派生的	腹がたつ、頭にくる、いやになる、途方にくれる、心をこめる、欲におぼれる、感情におぼれる、うぬぼれる、胸がさわぐ、気がする、気が変わる、気をもむ、胸に迫る、気を取り直す、気をぬく、気になる、気おちする、気を入れる、予感がする、根負けする、人見知りする、案ずる、傷つく、(欲)に目がくらむ、つむじを曲げる
擬態語起源など	ほっとする、かっとする、ぞっとする、むっとする、かっかする、びっくりする、がっかりする、どきっとする、うっとりする、げっそりする、どぎまぎする、うんざりする、のんびりする、イライラする、ハラハラする、ワクワクする、くさくさする、せいせいする、あきあきする、くよくよする、しんみりする、うきうきする、げんなりする、やきもきする、びくびくする、ぞくぞくする、ボーッとする、ぼうっとなる、むかっとくる、ほろりとする、がっくりくる、ぞくっとくる、まごつく、めろめろになる、じいんとくる、パニクる、リラックスする

②知覚感覚的心理動詞のカテゴリーに入るものは身体部位との複合語が多いが、擬態語起源のもの(むかむかする、ずきずきする)も多い。しかし、漢語起源のものは非常に少ない。観念的な意味内容が多い漢語を使って感覚的内容を表すことが不適切であるからであろう。

③思考認識的心理動詞のカテゴリーに入るものは派生的なもの(「気」「思い」などとの複合語)、漢語起源のものが多く採取された。しかし、感

表9　②知覚感覚的心理動詞

和語・漢語起源	見える、聞こえる、感じる、音がする、味がする、手触りがする、匂いがする、香りがする、肌触りがする、臭う、疲れる、痛む、痺れる、震える、くたびれる、うずく、むかつく、くらむ
派生的	頭痛がする、肩がこる、ほてる、胸がすく、胃がさしこむ、喉がかわく、喉がひりつく、喉がはれる、筋がちがう、脚がつる、鼻がつまる、歯茎がはれる、吐き気がする、悪寒がする、麻痺する
擬態語起源など	ちかちかする、ざらざらする、じんじんする、つるつるする、ぬるぬるする、がんがんする、ごわごわする、くらくらする、どきどきする、むかむかする、ずきずきする、きりきりする、ひりひりする、むずむずする、ぞくぞくする、ちくちくする、がくがくする、ねとねとする、べとべとする、すっとする、ぐったりする、びくっとする、ひやっとする、つんとくる

表10　③思考認識的心理動詞

和語起源	思う、信じる、考える、願う、疑う、たくらむ、認める、念じる、祈る、覚える、忘れる、分かる、ひらめく、察する、望む、知る、もくろむ、おしはかる
派生的	思いこむ、思いつく、思いめぐらせる、思いあぐねる、思い浮かべる、思いにふける、心に浮かべる、心に描く、心を決める、心を配る、気を配る、気をつける、注意を払う、勘違いする、勘繰る、深読みする、思いにふける
漢語起源	注意する、思案する、考慮する、考察する、信頼する、期待する、決意する、了解する、計画する、画策する　集中する、精神統一する、沈思黙考する、反省する、決心する、覚悟する、認識する、認知する、観念する、判断する、誤解する、理解する、納得する、承服する、想像する、信用する、記憶する、暗記する、失念する、回想する、瞑想する、集中する、批判する、非難する、評価する、推量する、推測する、類推する、論考する、理論付ける

覚的なものとは反対に擬態語起源のものは殆ど見られなかったのが、この分類の特徴である。

4．心理動詞の項関係について

次に各分類の心理動詞が、どの様な項関係をもつか分析したい。無標の場合のみについて調べることとし、人称制限を考慮し、一人称主語で考える。

①感情的心理動詞
(18) 　私ハ　彼の言葉ニあきれた（かっとした、感激した）。
(19) 　私ハ　また大きな地震があるのヲ恐れている（心配している、案じている）。

②知覚感覚的心理動詞
(20) 　私ハ　嫌な臭いニ　むかむかした（頭痛がした、ぐったりした）。
(21) 　私ハ　冬の訪れヲ　感じる。
(22) 　私ハ　手ガ震える（痛む、痺れる、ひりひりする、ざらざらする、ぬるぬるする、ずきずきする）。
(23) 　(私ハ)　(φ)　喉がかわく（筋がちがう、歯が痛む、脚がつる）。
(24) 　Cf.　(私ニハ)　遠くの山ガ　見える。
　　　　　　　　　誰かの声ガ　聞こえる。
　　　　　　　　　この紅茶ハ　(いい)　香りがする。
　　　　　　　　　この布地ハ　つるつるする（ちくちくする）。

③思考認識的心理動詞
(25) 　私ハ　彼女の気持ちヲ　考えた（疑った、信じた、察した、推し量った、考慮した、理解した、誤解した、推測した）。
(26) 　私ハ　車線変更ニ　注意した（神経を使った、気をつけた）。
(27) 　私ハ　いい解決法ガ　分かった（ひらめいた）。

ニはデで置き換えられる場合も多い。しかし、本来は原因を表すニが無標であろう。また、生理動詞の殆どは原因や対象の項を持たない。((23))

以上の観察から、心理活動の主体である主語をX、心理作用の原因や対象を表す名詞句をYとすると、次の様にパターン化することができる。

①感情的心理動詞…二項動詞、Xハ、Yニ（ヲ）
②知覚感覚的心理動詞…二項動詞、Xハ（ニハ）、Yニ（ヲ・ガ・φ）
③思考認識的心理動詞…二項動詞、Xハ、Yヲ（ニ・ガ）

　項関係の観察から、心理動詞は自動詞または他動詞で、二項を持つ動詞であると判断される。自他動詞の分類は時間的性質とも関わっており、後の時間的性質についての記述で再度述べたいと思う。また、「ト思う（感じる、判断する）」などは判断のモダリティに近くなっており（仁田1991による）、考察から省くこととする。

5．心理動詞と意志性

　A…意向形のテスト、B…「敢えて」との共起テスト、C…目的節「ために」のテストで心理動詞の意志性の有無を調べる。（「ために」は原因ではなく、目的を表す。）

①の場合
A (28) 　＊私は～で悩もう（困ろう、驚こう、あきれよう、退屈しよう、うんざりしよう）。
B (29) 　＊私は敢えて～で悩む（焦る、苦しむ、恐れる、心配する、おろおろする）。
C (30) 　＊私は試験でいい成績をとるために困った（焦った、心配した、いらいらした）。

殆どが動作主（Agent）ではなく経験者（Experiencer）を主語とし、殆どが原因項（Cause）を取り、意志的な動作行為は意味内容に含まない。感情的心理動詞の殆どは意志性を持たないと思われる。

②の場合
A (31) 　＊私は～で疲れよう（くたびれよう、頭痛がしよう、むかつこう、麻痺しよう）。
B (32) 　＊私は敢えて～で疲れた（くたびれた、痛んだ、震えた）。

C(33) ＊私は営業成績を上げるために頭痛がした（肩が凝った、ぐったりした）。

殆どが経験者または場所（Place）（「私には見える、聞こえるetc」の場合）を主語とし、原因項を取り、意志的な動作行為は全く表さない。知覚感覚的心理動詞は意志性が非常に低いことがわかる。

③の場合

A(34) 私はその言葉を考えよう（信じよう、覚えよう、忘れよう、認めよう）。

B(35) 私はその言葉を敢えて信じた（疑った、認めた、信用した、考慮した）。

C(36) 私はもっといい答えを出すために考えた（思案した、熟考した）。

主語の殆どは動作主（Agent）であり、強弱の差があるが意志性を持つ。ヲ格をとるものが多く他動性も強い。思考認識的心理動詞は意志性を持つものが多いと言えるであろう[3]。また、殆どが、原因項ではなく、ヲ格（Object）を取るのもこの分類の特徴であろう。

5.1 命令文について

次に心理動詞の命令文を観察する。

(37) 聞いて驚け！

(38) 有り難く思え！

これらの例文は、習慣的な用法が多く、意志性の有無とは関係なく口語表現上の問題に関すると思われ、意志性の有無の判断材料としては信頼度が低いが、やはり意志性の強い思考認識心理動詞では、「考えろ、注意しろ」などの様に、命令文の座りが良い。

次に心理動詞特有の現象として人称制限があるが、この問題についても観察したいと思う。

6．心理動詞の人称性について

　ここでは、小説の地の文にある様な人称制限から解放された文については考慮しないこととし、「報告」や「語り」の様な日常生活で一般に存在する実用的な文について考察することとする。
　心理動詞の場合、文末の言い切りがどのような形態をとるかによって人称との関わり方が違ってくる。そこで、「ル形」「タ形」「テイル形」のそれぞれについて調べることとする。
　また、これまでの特性についての調査は心理動詞の下位分類についてそれぞれ調べたが、人称性については、①感情的心理動詞、②知覚感覚的心理動詞、③思考認識的心理動詞の違いはあまり考慮する必要がないと思われるので、各分類個別の調査はしないこととする。
　最初に各人称を主語にした時の文法的振る舞い方について考察する。また、第8章で述べる様に、心理動詞の人称制限は日本語話者の事象認知の特徴と関わっていると思われるので、この問題に関して後でもう一度詳しく述べたいと思う。
　まず、各人称について概観することとする。
〈一人称〉
　話者自身の心理状態であるので、文末がどのような形態でもほぼ許容されるが、ル形の場合、安定性を欠くものもある。これは、感情的心理動詞の場合多く見られる。また、主語である「私は、が」は必要でない限り、省略される。

　　(39)　＊私は～を（に）<u>悲しむ</u>（喜ぶ、おびえる、侮る、そねむ、うぬぼれる）。

また、「身体部位ガ～スル」型の知覚感覚的心理動詞の場合、一人称主語を取るのが無標であり、他の人称の主語は常識的に不可能であろう。
〈二人称〉

聞き手の心理状態は話者のテリトリーからは遠く、この情報に関して常に聞き手は話者よりも優位にあるので、どの文末形態をとっても二人称主語を取ることは特殊な例外を除いて稀である。(仁田1991を参考にした)

(40)　＊あなたは〜に驚く（驚いた、驚いている）。

しかし、「デショウネ、ソウネ、ミタイネ」などのモダリティ要素を伴えば許容度があがる。

〈三人称〉

　文の事態が話者のテリトリーに近ければ容認される。また、心理状態が外見的に顕著に表出している場合、推測的ではあるが、容認される。しかし、文末形態はル形、タ形の場合は容認されにくく、テイル形の場合のみ容認されやすくなる。しかし、概言のモダリティ要素は多くの場合必要である。

(41)　彼は研究のことでとても悩んでいる。（彼は話者の家族・友人・指
　　　導中の学生）

次に心理動詞の各文末形態についてそれぞれの特徴を述べる。

〈ル形〉

　最も安定性に欠ける形式であり、二・三人称の場合は殆ど全て許容されない。一人称主語の場合でも(39)の様に許容されないものが多い。知覚感覚的心理動詞の場合は、「頭痛がする、歯がずきずきする」などの様に比較的許容度が高い。それは、一人称主語の場合が殆どであり、ル形が現在の状態を表すという性質と関係していると考えられる。

　この様に知覚感覚的心理動詞はル形に特殊な用法が見られる。しかし、他の心理動詞では「僕は（多分、半年で）飽きるよ。」の様に、ル形で現在の状態でなく未来事態を表すものが多い。これは後述の動作動詞と共通した性質の一つである。

〈タ形〉

　やや安定するが一人称は容認できても二・三人称の場合は殆ど許容されない。この形式は過去の確定的な事実を表現する形式であり、断定的な要素も強いので、自分以外の心理状態を述べる際には不適切である。しかし一人称

主語の場合はル形より安定し、許容されやすい。

(42)　私は〜で（に）苦しんだ（困った、あきれた、思案した）。

(43)　＊あなたは（彼は）〜で（に）悲しんだ（苦しんだ、困った、驚いた）。

〈テイル形〉

一人称は殆ど容認され、二人称の場合は強い使用制限により、殆ど許容されない。

(44)　私は（＊あなたは）〜で（に）苦しんでいる（困っている、頭痛がしている）。

三人称主語の場合は、前述の様に次の条件が満たされると一部容認されると思われる。即ち、

　ⅰ…文の主体が話者のテリトリーに近い時
　ⅱ…文の主体の心理状態が外見的に顕著に表出している場合

には、推測的ではあるが、容認されると思われる。

なぜ、テイル形だけが三人称主語を許容できるのかについては、テイル形の持つ報告的な特性によると思われる。柳沢（1992）によると、テイル形は感情の原因を対象化し、客観化して報告するという特性があり、確実ではない情報の場合でも、とりあえず客観化して報告するという機能があるという。テイル形だけが三人称主語を許容できる現象には、この様な形式的特徴が関与していると思われるが、これは直観的判断であり原因の究明は今後の課題としたい。

一方、神尾（1990）は前述の条件ⅰの様に、「文の事態が話者のテリトリーに近い時、三人称主語は容認される」としているが、本研究では、もうひとつの条件として、条件ⅱ、つまり「心理状態が外見的に顕著に表出している場合」を挙げた。三人称主語が話者のテリトリーに近くない場合でも、心理状態が外見的に明らかで、感情の有様が客観的に判断できる場合には、推測的ではあるがテイル形の心理動詞文は容認されると思われる。

(45)　私の友人は神を信じている。―条件ⅰ

(46) あの客はこの芝居に<u>飽きている</u>。さっきから欠伸ばかりしている。
　　　　―条件ⅱ

この様に特殊な条件下では、三人称主語のテイル形の心理動詞文は容認されるが、一人称主語文などとは異なり、この場合は必ず主語が必要で省略不可能である点で、主題化が進んでいると考えられる[4]。

　また、前述の様に金水（1991）では、「悲しむ」「笑う」「信じる」の状況タイプをそれぞれ考え、テイル形で三人称主語をとった時の文法的現象について分析しているが、その際どれ位他人の気持ちを推測して表現することができるかを「心から」という副詞を付加できるかどうかのテストで測定している。そして、「笑う」は発話行為を持たないから「心から」という副詞と共起しにくいとしているが、この原因は発話行為を持たないことにあるのではなく、「笑う」の「非心理動詞性」にあると思われる。本来「笑う」は表情を表す動作動詞であり、心理的要素はあっても心理状態の表現は主要な動詞機能ではないので、他の二つの感情・思考心理動詞との統語的な違いが現れたと判断される。以上、心理動詞の人称性について考察したが、文末形式と許容度の関係については未解明の問題点も多く、今後の課題としたい。

　次に心理動詞の動詞的性質が明確に反映されていると思われる時間的性質について、節を改めて述べたいと思う。

7．心理動詞の時間的性質について

　この節では心理動詞の動詞的性質が強く反映されていると思われる時間的性質について観察し、その特徴を明らかにしたいと思う。前述の様に、国立国語研究所（1985）では、「時間的境界がはっきりしないため心理動詞はアスペクトから開放されている。」とあるが、「時間的境界」が明確なことは、動詞のアスペクト的意味内容のうちで、中核的なことではない。物質的変化を表す動詞でも、「ぼやける、くもる、にじむ」などの様に時間的境界がはっきりしないものも多い。また、一部の先行研究において、心理動詞が

「状態動詞」であるとされている5)が、本研究では、この問題についても明らかにしていきたいと思う。

まず、「心理動詞はアスペクトから開放されている」とは言えず、「心理動詞にもアスペクトがある」ことを提唱し、「状態動詞」との相違を明確にしたい。そして、心理動詞全体のアスペクト的性質を明確にしていきたいと思う。

第3章で見た様に、テ形節の付帯状況では、何らかの「持続」、つまりアスペクト的性質を持つ動詞のみが許容されるという制限があったが、この用法には心理動詞も選択されることが観察されている。「心理動詞にもアスペクトがある」ことは、この文法現象とも整合するものと思われる。前節では意味的語構成的観点による三分類について文法的考察を加えたが、この節では時間的性質をより明確に観察するために時間的観点からの分類を考えることとする。また、心理動詞でも、時間的性質は項関係や他動性と関わっていると思われるので時間的観点に加え、自他動詞の分類も合わせて三つのグループに分けて、考察を加えたいと思う。

7.1　時間性・他動性的基準からの三分類

前節の意味的・語構成的分類とは別に、時間的・他動性的観点から新たな分類を考えることとし、A.驚く型、B.悩む型、C.信じる型に分けて考察したいと思う。

A.驚く型、B.悩む型は自動詞であり、C.信じる型は他動詞である。また、A.驚く型は比較的短期の、B.悩む型は比較的長期の心理動作を表すものをそれぞれ包括し、C.信じる型には両方が含まれている。

A．驚く型…心理主体の短期的な心理変化・心理活動が主要な意味である自動詞。

驚く、まいる、あがる、困る、満足する、のぼせる、怯える、白ける、ひるむ、めげる、滅入る、懲りる、怒る、逆上する、激怒する、感動する、失望する、落胆する、気落ちする、挫折する、驚愕する、仰天する、

安心する、パニクる、キレる、気が変わる、心を決める、根負けする、傷つく、つむじを曲げる、居直る、得意になる、ほっとする、うんざりする、ぞっとする、かっかする、むっとする、びっくりする、がっかりする、どきっとする、ほろりとする、がっくりくる、ひやっとする

これらは、心理活動の継続を積極的に意味しない。

B．悩む型…心理主体の比較的長期の心理活動・心理状態を表す自動詞。

悩む、苦しむ、迷う、耐える、こだわる、のんびりする、思いにふける、思いをめぐらせる、注意する、集中する、精神統一する、沈思黙考する、瞑想する、気になる、気をもむ、胸がさわぐ、心を配る、気を配る、注意を払う、痺れる、震える、イライラする、ハラハラする、ワクワクする、ジンジンする、うっとりする、やきもきする、くさくさする、くよくよする、うきうきする、びくびくする、ぞくぞくする、くらくらする、むかむかする、ずきずきする、むずむずする、ぐったりする、ボーッとする、悲しみにくれる、思いにひたる、感情におぼれる、リラックスする

A．驚く型と異なり、かなり長い心理動作・心理状態の継続を示す。

C．信じる型…主体の精神作用・活動が働きかける対象となる要素を要求するもの。他動性を持つもの。また、一般的に他動詞と考えられている対象格「〜を」を取るものが中心であるが、動作対象の「〜に」を取るものも他動詞と見なし、分類に加えることとする6)。

信じる、愛する、ほれる、考える、楽しむ、喜ぶ、願う、諦める、恐れる、疑う、たくらむ、慕う、嫌う、好む、飽きる、呆れる、偲ぶ、認める、念じる、覚える、忘れる、悲しむ、のろう、ひがむ、恨む、憎む、こらえる、祈る、ねたむ、案じる、気にする、心配する、後悔する、回想する、反省する、感心する、尊敬する、同情する、共感する、決心する、我慢する、覚悟する、期待する、認識する、納得する、判断する、誤解する、理解する、想像する、信用する、失念する、（を）思う

これらはいずれも心理動作の対象が必須である。

ここでの分類は、前節の分類である、①感情的心理動詞「悩む、困る、あきれる、あせる、悲しむ」等、②感覚的心理動詞「痛む、しびれる、震える、音がする」等、③思考的心理動詞「思う、考える、疑う、信じる、わかる、覚える」等の三分類とは分類基準が異なるため、相互の分類項は一致していない。例えば、①に属するものは、時間的性質や他動性でA．驚く型、B．悩む型、C．信じる型に分かれる。②では、C．信じる型他動詞が殆ど無く、③では、①と同じく、A．驚く型、B．悩む型、C．信じる型に分かれて分布している。

「気がかわる、気に入る、気にやむ」など派生的なものも語彙化がすすんでいるものは考察の対象とするが、「思い悩む、迷い苦しむ」などの複合動詞は考察から外した。また、人称性との関係は時間的な動詞分類とは直接関連がないと判断し、考察対象としないこととした。

7.2 三分類についての文法的性質の観察

各分類の心理動詞について文法的性質を調べることとする。

まず、他動性と関係があると思われる意志性の有無をこの分類においても調べ、次に時間的性質を観察することとする。

7.2.1 〈意志性〉についての観察

まず、主語の意味役割を考え、意志性Agentivityの有無を調べる。

意志性のあるものはAgent主語を、意志性のないものはExperiencer主語を取ると思われる。

A．驚く型…主語は殆どすべてExperiencerであり、意志性は弱い。

(47) ＊驚こう、困ろう、キレよう

B．思う型…主語はExperiencer、Agentが混在し、Agent主語の場合には意志性が観察される。

(48) ＊苦しもう、悩もう、迷おう（Experiencer主語）

(49) OK のんびりしよう、注意しよう、集中しよう（Agent主語）

しかし、後のC.型に比べると、意志性は弱いと思われる。
 C. 信じる型…主語は多くがAgentであり意志性があるが、Experiencer
　　主語のものも含まれる。
(50)　OK　考えよう、決心しよう、理解しよう（Agent主語）
(51)　＊疑おう、心配しよう、恐れよう（Experiencer主語）
同じ他動詞タイプのグループであっても、意味内容によって、対象への働きかけを強く含意する意志性のはっきりしたものと、動作対象への働きかけが積極的でない、意志性の弱いものが含まれている。
　以上の観察の結果、B.の自動詞の一部、C.の他動詞の多くに意志性がみられることがわかった。心理動詞においても、やはり他動性は意志性と関わっていることが観察される。

7.2.2 〈アスペクト性―「持続性」〉についての観察

　次に、アスペクト的性質について述べたいと思う。動詞のアスペクト的分類をめぐって、金田一（1950）では、動作が一定時間継続し、テイルを付けて進行解釈になるものを継続動詞（第二種の動詞）、動作が短時間で終わりテイルを付けて結果持続解釈になるものを瞬間動詞（第三種の動詞）としている。
　しかし第三種の動詞のうち「死ぬ、落ちる」の様なものは永続的結果残存を表すが「叩く、弾く」などは動作が瞬間的であっても「叩いている、弾いている」は永続的結果残存を表さない。また、第二種、第三種の動詞群に心理動詞が混在し、動詞分類的な位置付けが確立されていない。
　動作結果の永続的残存の有無をめぐって、藤井（1976）などでは、結果動詞と非結果動詞の再分類が必要で、瞬間的動作を表すものがすべて永続的結果残存を表すとは限らないとし、この分類に異議を唱えているが、心理動詞の位置付けに関しては明確にされていない。
　前述の工藤（1995）では、奥田（1978）を踏まえ、変化・動作の観点から外的運動動詞を分類しアスペクト的な性質の総合的な考察がなされている。

第6章 心理動詞の動詞的性質について 101

　また、心理動詞（内的情態動詞）は全て非内的限界動詞（atelicな動詞）であるとし、アスペクト的性質で統一的な見方をしており、心理動詞を一応、「内的情態動詞」としてはいるが、外的動作動詞と統括してもよいとしている。本研究では、心理動詞は本来的に外的動作動詞と共通する動詞的性格を具有し、動詞分類において、時間的性質で分別される必要はないということを強調したい。

　森山（1988）では、動詞を一時点的なものと持続的なものに二分し、一時点的なものを「変化」、持続的なものを「過程」などの観点から下位分類することによって、より緻密な動詞分類がなされている。しかし、同様に、心理動詞に関しては、明確な分類的言及がなされていない。また、山岡（2000）では、述語を文機能により詳細に分類し、本研究でいう心理動詞を感情動詞として位置付けている。また、アスペクト的分類には限界があるとして、感情表出・感情描写などの文機能による分類を試みている。

　三原（2000）では、ES型心理動詞を動詞分類的観点から分析整理し、消去法的に活動動詞であるとし、更に三原（2004）では心理動詞を含む動詞全体の限界的アスペクト性を記述的及び統語的分析によって分類整理している。

　心理動詞を、前述の金田一（1950）の時間的長短のみを基準にして当てはめて考えると、「信じる、考える」の様に継続的な心理活動を意味するものは「継続動詞」の分類に、「仰天する」の様な瞬間的な心理活動を意味するものは「瞬間動詞」の分類に入るように、一見、思われる。しかし、「仰天する」をテイル形の「仰天している」にして、結果残存を示すかどうかを考えると、この分類の矛盾点が感じられる。また、ある程度の継続期間を必要とする動作進行読みでの「仰天している」も、「＊長い間仰天している」など期間副詞を加えると、不自然であり、質的な相違が感じられる。「仰天する」は、心理変化は表すが、結果性までは含意せず、この動詞が「死ぬ」の様なtelicな性質を持つとは考えにくい。これらは、A．驚く型やC．信じる型の短期的心理活動を表すものの全てについても同様である。従って瞬間動詞（第三種の動詞）の分類とは質的に異なっていると判断される[7]。

テイル形の解釈をめぐっては、「動作進行」「結果残存」の二種だけで片付ける事はできないという議論を元に、「パーフェクト（経験）」や「報告」など様々な解釈が考えられているが、心理動詞のテイル形の解釈をめぐっては、未だ不分明の問題が多いと思われる。前述の様な短期的心理活動を表す「仰天する、驚く」のテイル形「仰天している、驚いている」は「結果残存」ではなく、また、「＊長い間仰天している」など期間副詞を許容しない点で、「動作進行」とも異なっていると思われる。「仰天する、驚く」が表す心理変化、心理活動の存続期間はかなり短時間であると思われるが、これらのテイル形の意味内容を明らかにすることは今後の課題である。

　直感的に判断されるのは、「テイル形」の用法のうち、事態が成立したことを表現する「赤ちゃんが這っている」の様な用法に類するものであるという推論である。「未完了の逆説現象」とも呼ばれ、英語など他言語にも見られる現象であるが、非限界的な事態である「赤ちゃんが這っている」などの「テイル形」は、「赤ちゃんが這った」という事態が既に成立したという事実を示すことができる。また、逆に結果的な「魚を焼く」を「魚を焼いている」にすると非結果的な動作進行を表し、この様にテイル形解釈は結果性に関して矛盾する二面性を持ち、金田一分類の様な二極対立では解決できないという性質を持つ。また、三人称主語の場合、テイル形にすると「太郎は驚いている」などの様に許容度が上がる現象では「報告」的な機能の影響が強い様に思われる。

　心理動詞では、心理活動・心理変化が瞬間的であっても、結果存続性の含意はない。「～し終わる」の複合動詞化を許容するものは、殆ど存在しない。従って瞬間的な心理活動や心理変化が、永続的な変化結果の残存とは結びつかない[8]と思われる。従ってテイル形の解釈は、動詞（句）の持つ結果性とは切り離して考えるべきであろう。しかし、心理動詞の中で、心理活動・心理変化が短期的瞬間的であるものと、「長い間」などと共起できる、比較的長期の継続的意味を持つものとの時間的側面での違いは、確かに存在していると思われる。そして、この性質は期間副詞を付加した進行解釈でのテイ

形で観察される。前述の「仰天している」は「ずっと」「長い間」などの継続期間を表す副詞とは共起できないが、「悩んでいる」「信じている」はかなり長期の心理活動の継続を意味する。この時間的長短の性質については、後で詳しく述べたいと思う。

　前掲の森山（1988）を見ると、心理動詞についての分類的言及は特になく、外的運動動詞と区別しない立場であると思われる。しかし、アスペクト的な素性による「時定項分析」に基づいて詳細な動詞分類をしており、動作作用が瞬間的であっても結果残存と結びつけていない点で、より実情に即している。前述の三分類が森山の分類のどのカテゴリーに相当するかは、はっきりとはわからないが、「持続的なもの」の、「過程」・「維持」に、B型とC型の継続的なものが入れられると判断する。つまり、「歌う」などの「過程」のカテゴリーに「集中する、リラックスする」など、「向く」などの「維持」のカテゴリーに「憧れる、好む」などの心理活動の継続を意味するものが入れられると思われる。しかし、A型やC型の継続的でないものがどのカテゴリーに入るかについては、「一時点的」なものと必ずしも重ならないところがあり、不分明である。心理動詞の動詞分類全体からの位置付けについては、節を改めて述べたいと思うが、心理動詞に関して「変化結果の残存」の有無に関する分類は、本質を捉えた分類ではないと思われ、「時間的長短」を基準にした分類が、より本質を捉えているように思われる。

　心理動詞のアスペクト性を考える際に、時間的長短の意味要素が大きく関わっていると思われるので、本研究では、この意味要素を便宜的に「持続性」（CONTINUITY）と呼ぶことにしたいと思う。（「持続的」（CONTINUOUS）という意味素性を表現する時には、これにプラス、マイナス記号を付けて表現することとする。）

　以下、「持続性」の側面から心理動詞のアスペクト性について考察を加えていくこととしたい。「持続性」とは、ある作用・活動の、心理動詞の場合は心理的作用・活動においての持続の含意の強弱を意味する。また、動作結果が残存するかどうかという問題とは切り離して考え、テイル形解釈などの

文法的アスペクトに影響を与える、語彙にくみこまれた時間的長短のみに関する性質としたい。この性質は動作動詞一般についても敷衍できる性質であると思われる。

心理動詞で「持続性」の強いものは、期間副詞を付加したテイル形で進行解釈でき、反対に「持続性」の弱いものはこの解釈では許容されず、「すっとする」の様にテイル形を持たないか、または前述の様にテイル形で事態が既に成立したという意味解釈になると思われる。また、両者の中間的なものが見られるが、それらに関しては次節で詳しく調べていきたい。

この解釈は動作動詞にも適用されると思われる。「持続性」の強いものは期間副詞を付加したテイル形で進行解釈でき、「瞬きする、叩く」などは「持続性」は弱いが反復動作を表すので進行解釈される。そしてそれ以外の「一瞥する、一礼する」など反復性を持たず「持続性」の弱いものはこの解釈では許容されず、またテイル形で表されないものも多い。これらがテイル形で表される場合は前述の様に事態が既に成立したという意味解釈や経験的解釈になると思われる。また、心理動詞と同様、中間的なものも見られる。従って、これらの点に関して動作動詞との共通点が見られ、アスペクト性の類似が直感されるところであるが、これについては後で詳しく述べることとしたい。以下、「持続性」に焦点を絞って、前述の時間的他動的三分類について、また前述の意味的語構成的三分類も合わせて考察を加えたいと思う。

7.2.2.1　A. 驚く型の「持続性」について

A. 驚く型…短期的瞬間的な心理変化が出現したことを表し、これらは「持続性」（CONTINUITY）が弱いと思われる。この型の自動詞は時間的継続を意味する副詞句などとは共起できず、短期心理活動を表す性質を持つと判断する。前節で述べた意味的分類について、分類ごとに調べることとしたい。

その際、まずテイル形にして継続を表す「長い間」と共起できるかのテストを観察し、次に「瞬間」という短時性を現す語と共起できるかのテストを

観察し、「持続性」を確認することとする。「持続性」(CONTINUITY) が強いものは「長い間～テイル」で心理活動の継続を表すことができ、弱いものはこの形で継続を表すことができないと思われるからである。また、反対に「持続性」(CONTINUITY) が強いものは「瞬間」という短時性を現す語と共起できず、弱いものは共起できると思われるからである。

　①感情的心理動詞…＊長い間驚いている（まいっている、しらけている、あがっている、のぼせている、ひるんでいる、感激している、安心している、根負けしている、激怒している、逆上している、腹をたてている、失望している、落胆している、驚愕している、仰天している、ほっとしている、頭にきている、がっかりしている、のぼせている、気落ちしている、気が変わっている）。

以上のように、短期的瞬間的な心理変化が出現したことを表す自動詞では、継続を表す「長い間」などの時間副詞と共起しにくい。

　(52)　＊私は三時間～に驚いた（逆上した、失望した、ほっとした、がっかりした）。

しかし、次の様に「瞬間」などの短時性を現す語とは共起しやすい[9]。

　(53)　驚いた（ひるんだ、仰天した、落胆した、驚愕した、仰天した、ほっとした）瞬間～。

また、「（私は今）～した。」の様に、心理主体の短期的な心理変化を表現できる。

　(54)　（私は今）まいった（困った、満足した、白けた、感動した、ほっとした）！

また、中間的なものとして次の様なものが見られる。

　(55)　OK　～に長い間困った。OK　～に困った瞬間～。（どちらの解釈でも可能）

「困る」は、感情変化を表す自動詞であるが、「持続性」の含意の強弱に関して中間的な振る舞いを見せるものの一つである。

　(56)　このゴミ処理場問題に、住民は長い間困っている。（「持続性」強

(57) 先生に突然指されて返答に困った時、後ろの友達が小声で教えてくれた。(「持続性」弱)

「怒る」なども同様の振る舞いを見せる。

(58) 先週の太郎の失礼な言動に、花子はまだずっと怒っている。(「持続性」強)

(59) 彼は怒った瞬間、すぐ顔が赤くなるからわかりやすい。(「持続性」弱)

この現象の究明に関しては今後の課題としたい。

また、テイル形のないものも観察される。

(60) ＊胸がすいて（ぞくっとして、びくっとして）いる。

①感情的心理動詞は各語構成にわたって、それぞれ瞬間的な自動詞が存在しているが、中間的なもの、テイル形がないなどアスペクト性の弱いもの（派生的動詞が中心）など多様であることが観察される。

また、テイル形で経験を表すようなものも見られる。

(61) このカーブでは何回かひやっとしている。(経験)

次に②知覚感覚的心理動詞で同様に観察することとする。

②知覚感覚的心理動詞…＊長い間ゾッとしている（すっとしている）。

これらは、短期的瞬間的な感覚的変化が出現したことを示す。やはり継続を表す副詞句とは共起できない。

(62) ＊（私）は三時間、ゾッとした（すっとした）。

しかし、「瞬間」などの短時性を現す語とは共起しやすい。

(63) ゾッとした（筋がちがった、脚がつった）瞬間～。

また、中間的なものとして次の様なものが見られる。

(64) ＊疲れた（くたびれた、肩がこった）瞬間～。(「瞬間」と共起しない)

これらは、感覚的変化を意味する心理自動詞と思われ、B．悩む型の継続的自動詞とは質的に異なっているが、A．驚く型の特徴である短期性に乏しい。

また、この分類にはテイル形とル形の意味が同じものも見られる。

(65) 見えている、聞こえている＝見える、聞こえる（可能・現在の状態）

他にも擬態語起源のものなどに、テイル形とル形の意味の違いがないものが多く観察される。

以上の観察から、②知覚感覚的心理動詞はアスペクトの点で複雑な特性を有することがわかる。これは、事態のみを表す本来の心理動詞の機能の他に、特質まで表すようになったものなどに多様に分化しているからと判断される。

次に③思考認識的心理動詞で観察する。

③思考認識的心理動詞…＊長い間心を決めている。
短期的瞬間的な思考認識活動を示し、やはり継続を表す副詞句とは共起できないが「瞬間」とは共起できる。

(66) 心を決めた瞬間～。

③思考認識的心理動詞にも瞬間的な自動詞は少数見られるが、全体的な比率は低いと判断される。

7.2.2.2　B．悩む型の「持続性」について

B．悩む型…心理主体の精神作用・活動を表す自動詞で、これらは「持続性」（CONTINUITY）の含意が強いと思われる。主体の精神作用・活動がある程度持続することを動詞の意味内容に含意しているからである。同様に前節で述べた意味的分類について、分類ごとに調べることとしたい。

①感情的心理動詞…長い間悩んでいる（苦しんでいる、耐えている、こだわっている、気になっている、イライラしている、くよくよしている、やきもきしている、のんびりしている）。

これらの動詞は、かなり長時間その心理状態・活動が継続することを意味する「長い間」などの副詞と共起できる。また、「～続ける」のように持続的意味を表す複合動詞にすることもできる。

(67) 悩み（苦しみ、耐え）続ける。

しかし、「瞬間」などの短時性を現す語とは共起できない。

(68) ＊悩んだ（苦しんだ、耐えた、くよくよした）瞬間〜。

また、Ａ．驚く型で許容された、「（私は今）〜した。」の形で、心理主体の短期的な心理変化を表現することができない。

(69) ＊（私は今）悩んだ（苦しんだ、耐えた、くよくよした）！

次に②知覚感覚的心理動詞で同様に観察することとする。

②知覚感覚的心理動詞…長い間痺れている（震えている、麻痺している、（胃が）きりきりしている、ちくちくしている、ずきずきしている）。

これらは時間的継続を示す副詞と共起できる。また、テイル形以外でも継続を表せる。

(70) （私）は午前中ずっと手が震えた（（胃が）きりきりした、ちくちくした、ずきずきした）。

しかし、「瞬間」などの短時性を現す語とは共起できない。

(71) ＊痺れた（震えた、麻痺した）瞬間〜。

また、この分類にはテイル形とル形の意味が同じものが多く用法上の分化が見られる。

(72) 音がする（歯茎がうずく、寒気がする）＝音がしている（歯茎がうずいている、寒気がしている）。

(73) ぬるぬる（ざらざら、くらくら、ずきずき、ひりひり、むずむず、べとべと）する・している（どちらも現在の状態）。

②知覚感覚的心理動詞では、継続的自動詞はＡ．驚く型自動詞よりも多い様に思われる。しかし、テイル形とテイル形以外の意味の相違が明確ではない点で、アスペクト性に関してＡ．驚く型自動詞と共通している。

次に③思考認識的心理動詞で同様に観察することとする。

③思考認識的心理動詞…長い間思っている（思いめぐらせている、注意を払っている、思いにふけっている、集中している、精神統一している、瞑想している）。

以上の様にかなり長期の思考活動を表しうる。

しかし、「瞬間」などの短時性を現す語とは共起できない。

第6章　心理動詞の動詞的性質について　109

(74) ＊思った（思いにふけった、集中した、精神統一した、瞑想した）
　　　瞬間～。
　このタイプの動詞はＡ．驚く型と比べて、時間的性質の副詞との共起テストでは②以外で明らかな差異を示し、はっきりとした持続的アスペクト性を示している。

7.2.2.3　Ｃ．信じる型の「持続性」について
　Ｃ．信じる型…このグループの動詞は、精神作用・活動が働きかける対象となる要素を要求するもので、他動性を持つことが特徴である。感情的・思考認識的な心理動詞が多く、感覚知覚的なものは殆ど見られない。「持続性」（CONTINUITY）の含意が強いものと、弱いものがあると思われる。同様に前節で述べた意味的分類について、分類ごとに調べることとしたい。まず、「持続性」の含意が強いものをあげ、次に弱いものを挙げることとする。
　①感情的心理動詞〈「持続性」の含意が強いもの〉…長い間心配している
　　　（愛している、案じている、こらえている、妬んでいる、慕っている、
　　　悔やんでいる、恨んでいる、のろっている、憎んでいる、嫌っている、
　　　蔑んでいる、楽しんでいる、後悔している、同情している）。
これらは時間的継続を示す副詞と共起でき、かなり長い時間その心理活動・状態が継続することを示唆している。
(75) 　私は長い間～を心配した（悔やんだ、のろった、恨んだ、楽しん
　　　だ）。
テイル形以外の継続的意味を表現する要素とも共起する。
(76) 　私は～を慕い（こらえ、悔やみ、恨み、妬み）続けた。
しかし、「瞬間」などの短時性を現す語とは共起できない。
(77) 　＊～を心配した（こらえた、楽しんだ、悲しんだ）瞬間～。
一方、次に挙げる動詞は、時間的性質が異なる。
　①感情的心理動詞〈「持続性」の含意が弱いもの〉…＊長い間あきらめて
　　　いる（あきれている、ほれている、飽きている、感心している、実感し

ている)。

これらは「瞬間」などの短時性を現す語とは共起できる。

(78) あきらめた（実感した）瞬間～。

また、「（私は今）～した」の様に、心理主体の短期的な心理変化を表現できる。

(54) （私は今）呆れた（飽きた、感心した、あきらめた）！（前掲）

しかし、感情的心理他動詞のグループでは「持続性」の含意が強いものの方が多く、弱いものは少ないようである。

②知覚感覚的心理動詞…該当の動詞なし。

知覚感覚的心理動詞では、他動性を持つものは見当たらない。これは感覚的な意味内容には動作対象が整合しないからであろう。

次に③思考認識的心理動詞を見ることとする。

③思考認識的心理動詞〈「持続性」の含意が強いもの〉…長い間信じている（考えている、願っている、望んでいる、たくらんでいる、もくろんでいる、念じている、祈っている、回想している、思いめぐらせている、心に描いている、注意を払っている、思案している、想像している、期待している、画策している）。

これらは時間的継続を示す副詞と共起でき、かなり長い時間その心理活動・状態が継続することを示唆している。

(79) 長い間～を願い（考え、望み、信じ）続けた。…「持続性」強

しかし、「瞬間」などの短時性を現す語とは共起できない。

(80) *～を願った（考えた、回想した、たくらんだ、画策した）瞬間～。

一方、次に挙げる動詞は、時間的性質が異なる。

③思考認識的心理動詞〈「持続性」の含意が弱いもの〉…*長い間決心している（わかっている、察している、忘れている、決意している、覚悟している、把握している、納得している、認識している、認知している、観念している、判断している、失念している、思いついている、心を決めている）。

(81)　＊長い間〜を<u>決心し</u>（忘れ、観念し）続けた。…「持続性」弱

しかし、これらは「瞬間」などの短時性を現す語とは共起できる。

(82)　〜を<u>認知した</u>（察した、決心した、納得した、思いついた）瞬間〜。

また、「（私は今）〜した。」の様に、心理主体の短期的な心理変化を表現できる。

(83)　（私は今）<u>決心した</u>（観念した、納得した、思いついた）！

「思いつく」などはテイル形を取ることが少ないようである。「覚える、誤解する、信用する」などは「持続性」について、両義的な振る舞いを見せる。

(84)　長い時間をかけて単語帳を一冊<u>覚えた</u>。…「持続性」強

(85)　たった今、君の名前を<u>覚えた</u>よ。…「持続性」弱

(84)では、「覚える」が「書く」の様な意志的な作業動詞として使われ、本来の思考認識的活動より外的動作の意味が強くなっていると思われる。

また、「誤解する、信用する」では「長い間君を誤解（信用）していた」の様に強い「持続性」を示す用法と、「君は人をすぐ信用（誤解）する」の様な、瞬間的な認識活動を示す用法がある。C.信じる型の③思考認識的心理他動詞では、「持続性」の含意が強いものと弱いものが共に見られ、漢語起源のものなど、語構成的にも広い範囲にわたって存在していると思われる。また、A.驚く型及びB.悩む型の②に多くみられた様な、アスペクト性の弱いものが少ない。これは、時副詞との共起テストなどの結果が明確な相違を示していることや、「ル形」と「テイル形」の意味的な対立がはっきりしていることで示されている。他の①②の分類、そしてA型、B型の心理動詞に比べて、より正確な活動時間を表現しうることも、このグループの特徴であろう。

(86)　それでは<u>五分間</u>この問題を考えてください。

心理動詞のうち、感情的なものや感覚的なものは、「持続性」は理解できても、その持続期間を正確に測定することはできないものが殆どである。思考認識的心理動詞は、時間を特定できるものが多い点で、より外的動作動詞に時間的性質が近いと言える。

7.2.2.4 「持続性」の観察のまとめ

以上の観察をまとめると、心理動詞は全て「持続性」の含意の強弱で継続的なものとそうでないものに分けられ、③の他動詞を中心に、かなり明確な時間的性質の差異が観察される。また、①②の自動詞には、特有の時間的性質を示すものがあり、①の「困る」の様に、ル形が現在の状態を表すもの、②の擬態語起源の「頭がガンガンする（している）」の様に、テイル形とル形の意味が変わらないものが見られる。しかし、これらの動詞においても、時間的な副詞（「長い間」や「瞬間」など）と共起でき、何らかの心理的状態・活動を表しうる点で、状態動詞とは本質的に異なっていると考えられる。状態動詞とは共起しない「〜し始める」の複合動詞化テストでは、

(87) アルバイトをやめて、一週間で、もうお金に<u>困り始めた</u>。

(88) 嫌いな曲の演奏が始まってすぐに、<u>頭がガンガンし始めた</u>。

の様に、はっきりとした開始限界を表す。前述の一見変則的な現象は、心理動詞の①②を中心に、用法が分化した結果であると考えられる。

三原（2000）では、

(89) そんなこと、困るよ。

(90) あいつの喋り方はイライラする。

(91) この喫茶店は落ち着く。（(89)-(91)は2000-65から引用した。）[10]

など、心理自動詞のル形で現在の事態をあらわすものについての記述があり、これらは他動詞に見られるような状態表現的派生がなく、ル形で代用しているためであると分析している。これらの現象は「アスペクト性が無い」あるいは「アスペクトから解放されている」こととは関係がなく、また、これらの現象を理由に「状態性が強い」とは言えないのである。前節では、外見的な兆候や外部への働きかけの有無、つまり動作動詞との相違について心理動詞の意味規定を設け、意味的・語構成的側面から三分類し、それぞれの特徴について考察した。当節では更に時間的・他動性的性質を元に再分類し、意志性の有無も含め、主に時間的長短に関わるアスペクト性についての考察を加えたが、外的動作動詞との相違について再び考えたいと思う。

外的動作他動詞（心理動詞ではない他動詞）では意志性がテイル形の解釈に大きく関与するが、心理動詞の場合、意志性はあまり関与せず、動詞の意味に組み込まれた語彙的アスペクトである「持続性」の含意が解釈を決定している。外的動作他動詞で意志性がテイル形の解釈に関与している例として、次の様なものが挙げられる。

(92) 花子が手紙を焼いている（床を拭いている）。…「意志動詞」、「持続性」強

(93) 花子は服を汚している（単位を落としている）。…「無意志動詞」、「持続性」弱

意志動詞の場合は殆どの場合、テイル形の解釈で進行解釈されるが、無意志動詞の場合、効力持続解釈になるものが多く、意志性の有無と大きく関わっている。

　しかし、心理動詞では「決心する、認める」などの意志性のあるものでも「持続性」が弱いものは動作進行解釈にならず、反対に「悲しむ、心配する」など意志性のないものでも「持続性」が強いものは動作進行解釈になる点で、意志性がテイル形の解釈に全く関与していないことがわかる。この性質の例として、B.悩む型のテイル形の解釈において、すべて進行解釈になるにも関わらず、意志性のないものが非常に多い現象が挙げられる。「持続性」の強弱の対立があることは、心理動詞が「時間」と切り離されているわけではなく、むしろ積極的に関わっている点で、非状態的性質を表しており、この点からも状態動詞とは明確に区別されることがわかる。また、坂東（2001）では、「驚く」は「〜に」しか共起しないが「喜ぶ」は瞬間動詞的用法の時は「〜に」と、継続動詞的用法の時は「〜を」と共起するとして、心理動詞の時間的意味によって項が変わるとしている。また、「楽しむ」では「読書を楽しむ」「スポーツを楽しむ」の様に外的運動動詞として使用される場合もあり、外的動作を伴わず心理内活動として「楽しむ」場合もあるが、どちらも動詞の意味内容には「持続性」が強く含まれている。個別の動詞が本来的に持っている時間的性質は、心理動詞・外的動作動詞を問わず存在し、項

関係などの統語現象にかかわっていると思われる。

また、「ひらめく」など瞬間的偶発的意味を有する心理動詞では、

(94)　(花子に) いい考えが<u>ひらめいた</u>(心に浮かんだ)。

の様に、対象格が主語位置に来るものもあり、格関係を観察しても多岐にわたっていることがわかる。

以上の観察から、心理動詞は外的動作動詞と同様に、時間的な性質において状態的とは言えないことがわかる。また、前述の様に心理動詞は動詞の意味内容に結果残存性が薄いと思われるが、この点についても確認しておく必要があると思われる。

次に別の角度から見たアスペクト的性質である「限界性」(結果性)についても考察を加えることとしたい。

7.2.3　〈アスペクト性―「限界性」[11]〉についての観察

次に、心理動詞の限界性についても考察を加えることとしたい。限界性には「開始限界」と「終了限界」があるが、ここでは、「終了限界」の有無だけを考察対象とする。なぜならば、全ての心理動詞は「開始限界」を持ち、開始時点を取り出せると考えられるからである。前掲の例文を再度挙げると、

(87)　アルバイトをやめて、一週間で、もうお金に<u>困り始めた</u>。

(88)　嫌いな曲の演奏が始まってすぐに、<u>頭がガンガンし始めた</u>。

の様に、はっきりとした開始限界を表す成分と共起できるものが非常に多いことがわかる。また、同様に「もうちょっとで〜しそうになった」で、開始限界を表す動詞との共起を調べると、

(95)　もうちょっとでほれ(キレ、あきらめ、信じ、疑い、忘れ)そうになった。

の様に、共起できるものは多い。開始時点が明確であるという点からも、状態的な動詞とは異なっていることが判断されるところである。この節では、心理動詞の終了限界性を観察することによって、「持続性」に加えたアスペクト的性質を明確化したい。限界性のある動詞でなければ成立しにくいとい

う文法的規制を利用して、①「～終わる」、②結果構文、③「～かけ」構文、④完了的時間成分などにおける文法現象を各分類について観察したいと思う。

①「～終わる」との共起（限界性のある動詞でなければ成立しにくい）
(96)　＊あがり（のぼせ、キレ）終わる。A型
(97)　＊悩み（苦しみ、ボーッとし）終わる。B型
(98)　＊考え（理解し、覚え）終わる。C型

②結果構文（限界性のある動詞でなければ成立しにくい）[12]
(99)　＊頭の中が真っ白にあがった（のぼせた、キレた）。A型
(100)　＊結婚のことで心がズタズタに悩んだ（苦しんだ）。B型
(101)　＊テストの問題を完璧な出来に考えた（熟考した）。C型

いずれも文法性が非常に低く、限界性が見られない。

③～かけのN（限界性のない動詞はこの名詞化が許容されない。）[13]
(102)　＊困りかけの（あきれかけの、激怒しかけの）先生　A型
(103)　＊悩みかけの（注意しかけの）高校生　B型
(104)　＊考えかけの（理解しかけの）数学の定理　C型

いずれも文法性が低く不自然であり、これらの動詞には限界性がないと判断される。

④完了的時間成分「～で」との共起（限界性のない動詞はこの成分と共起できない）

いずれも終了限界の読みで、
(105)　＊三時間で困った（あきれた、激怒した）。　A型
(106)　＊三日で悩んだ（注意した、苦しんだ）。　B型
(107)　？難しい数学の問題を五分で理解した（考えた、分かった）。C型

C型ではやや許容度が上がるようである。また、C型の「覚える、暗記する」などの思考他動詞は、動作対象項や時間限定成分などで、弱い限界性を有するようになると思われる。

(108)　英語の単語帳を一冊、三日間で覚えた。　C型

また、「少しずつ」のような段階性を表す副詞成分とも共起でき、このよう

な用法では、外的動作動詞に近くなっていると思われる。

(109) 英語の単語帳を、長いことかけて、<u>少しずつ</u>覚えた。　C型

　また、三原（2006）では、動詞の限界性について統語構造的に論証しており、限界性を獲得するためには、従来の動詞句構造の上位にさらに新しい動詞句構造が選択併合され、この上位の動詞句構造が限界性を保障するとし、この論拠として、「そうする」による置き換えのテストや頻度副詞や動作対象のニ格句と目的語の作用域解釈のテストを挙げている。限界性の獲得のメカニズムの議論については本研究の目的を超えているが限界性の有無を確認する手段として、これらのテストを参考にしたいと思う。置き換えの「そうする」は目的語を残留した形では容認されないが限界的な構文では許容される。この性質を利用して、他動詞Ｃ型の限界性の有無を調べたい。

　⑤目的語を残した「そうする」での置き換え（限界性のない動詞は容認されない）

(110) ＊花子が進学を<u>決心した</u>ので、京子も就職をそうしようと思った。

(111) ＊田中がばれないようにズル休みを<u>企んだ</u>ので、鈴木もカンニングをそうしてみた。

(112) ＊浩二が英単語帳を<u>丸暗記した（全部覚えた）</u>ので、宏も歴史年表をそうしてみた。

以上のように、殆どのものは限界性を示さない。

　また、頻度副詞や動作対象のニ格句と目的語の作用域解釈のテストでは、限界性を有する場合、作用域が両義的な解釈を許すが、限界性が無い場合には目的語の作用域は及ばない。この性質を使って他動詞Ｃ型の限界性の有無を調べたいと思う。

　⑥頻度副詞やニ格句と目的語の作用域解釈（限界性のある動詞では両義解釈できる）

(113) 太郎は朝<u>いつも</u>仕事のノルマを頭の中で考える。

(114) 高木先生は<u>ゼミ生</u>に二つのレポートの作成を期待している。

これらの例文では、共に、「いつも」「ゼミ生」の作用域が支配的であり「ノ

ルマ」「二つのレポートの作成」の作用域は及ばない。これらの観察により、心理動詞において限界性は本質的な意味内容に含意されていないことがわかる。

　外的動作の場合は、可視的であるため物質的変化を伴い、意志的無意志的な限界性を含意するものも多く、変化動詞や結果動詞などとして分類されるが、心理活動は非可視的で、物質的変化を伴わず、限界性の含意は中核的な問題とはならないためであろう。前節では「持続性」の強弱についてアスペクト性を考察したが、当節ではさらに、心理動詞の「非限界性」を確認した。

　このアスペクト的性質は、結果残存性を否定するものであり、前述のさまざまな動詞分類において、心理動詞の位置付けをより明確にするものである。

　心理動詞は、意味的・語構成的に一様でなく自他動詞の別や意志性の有無もある、多様な動詞群であるが、アスペクト的性質に関しては共通しており、いずれも「持続性」の強弱が動詞の個別的意味に含意され、その心理的活動は「限界性」を意味しない。

　吉永（1997a、1998a, b、1999）の心理動詞の性質の考察のうち「非状態性」「持続性」に関する点では踏襲できると思われるが、「限界性」に関しては、「結果残存」の点で矛盾が多く、これらを修正したいと思う。そして、「状態動詞」や「変化動詞」「限界動詞」以外の非限界的活動動作動詞に心理動詞を位置付けたいと思う。心理動詞を先行研究の動詞分類に当てはめると、工藤（1995）の分類では外的運動動詞の下位分類である「主体動作動詞」に相当すると思われ、森山（1988）では、「維持」「過程」の分類にＢ型、Ｃ型の「持続性」の含意の強いものが、そして、金田一（1950）の第二種継続動詞に同じくＢ型、Ｃ型の「持続性」の含意の強いものがそれぞれ相当すると思われる。

　以下の記述ではより一般的な工藤（1995）の分類呼称を参考に、「外的動作動詞」は限界性の無い動作動詞（活動動詞）を指し、「外的運動動詞」は動作動詞と、限界性のある変化動詞を合わせた動詞、つまり状態動詞ではないもの全体を指すこととする。従って心理動詞は「外的動作動詞」と共通す

る性質を持つと言うことができる。

7.3 語彙概念構造での考察

　以上の観察をもとに、意味構造的な側面からも考察し、心理動詞の動詞的性質を確認したいと思う。A、B、Cの各型は下のように表されると思われる。また、「持続性」の含意が強いものは（＋CONTINUOUS）で表し、弱いものは（－CONTINUOUS）で、両方ある場合は（±CONTINUOUS）で表すこととする。

　A．驚く型
　　［x EXPERIENCE］，（－CONTINUOUS）
　　　（ACT）
　B．悩む型
　　［x EXPERIENCE］，（＋CONTINUOUS）
　　　（ACT）
　C．信じる型
　　［x ACT y］，（±CONTINUOUS）
　　（EXPERIENCE）

Cの他動詞タイプでは、（＋CONTINUOUS）の場合は「考える、想像する」など「長い間」と共起できるものが該当し、（－CONTINUOUS）の場合は「決心する、誤解する」など共起できないものが該当する。

　ここでもう少し、「持続性」の時間的性質について説明を加えたいと思う。前述の金田一の分類による「継続・瞬間」の対立は、テイル形解釈によって一般化される時間的長短をもとにした分類であるが、外的動作動詞では、意志性や動作対象など他の要素の関与により境界が揺れ動くものが多かった。また「結果残存性」についても未整理のままであった。しかし、心理動詞のアスペクト要素である「持続性」は、その含意の強弱が、意志性や動作対象などの要素より優先して文法的アスペクトに影響を及ぼす働きがあり、動詞の意味解釈において決定的な影響力を持つものである。この相違はなぜ起

こってくるのであろうか。

　外的動作動詞では、物理世界に属する目的語をもつので、例えば「（うっかり）お金を落とす」、「（一生懸命）汚れを落とす」では、意志性や目的語の意味によって、「落とす」が変化結果的なものと、動作持続的なものとに分化される。「落とす」本来の語彙的なアスペクトより、意志性や動作対象などの要素が文法的アスペクトの決定に優先されるのである。これに対し、目的語が心理世界に属する他動詞、例えば「決意する」では何をどのように決意しても、テイル形解釈で「決意している」が進行読みになることは殆どない。つまり語彙的アスペクトである「持続性」の含意が最初から弱いので、テイル形での進行読み解釈は許容されない。

　第2章の付帯用法の考察を振り返ると、この用法は、動詞分類に関してアスペクト的制約が強く、必ず何らかの「持続」を含意するもの、つまり、状態性を表さないものでなければならなかった。そして、強い限界性を示す「〜終わる」と共起できるような完結的動詞は選択されなかった。前後節で同一主語・意味役割の一致という強い制約があったが、付帯節に心理動詞が選択された時のみ、付帯節主語の意味役割がExperiencer、主節の意味役割がAgent、という異なった意味役割が許容された。これらの一見恣意的な現象の説明として考えられるのは、心理動詞も動作動詞の一種であり、外的活動を示す動作動詞に対し、心理活動を示す動作動詞として「持続」の性質を持ち、同様の動詞的範疇に入れられる、ということである。もし、心理動詞がアスペクトから解放され、したがって「持続」という性質と無縁の範疇であれば、状態動詞が選択制限に抵触するように、心理動詞も選択されないはずである。また、この推論から更に拡張的に考えられるのは、心理的活動動詞も完結性を表しにくいということであり、この点からも、「完結性」を表さない一連の外的動作動詞である、活動動詞との共通点を確認することができる。

8．ここまでのまとめ

　ここで第6章での、これまでの考察を振り返ってみたい。
　動作動詞との類似と相違という観点から、心理動詞に焦点を絞って考察することとし、動作動詞との境界により意味規定を設定し、それらの下位分類を試みた。そして、それぞれの分類について、項関係、意志性の有無、人称性、他動性、アスペクト性などについて、動作動詞との比較対照を視野に入れて記述的に論じた。心理動詞の項関係については、殆どが一般的な動作動詞と同様に二項動詞であり、主格や原因格、対象格などの名詞句を従え、特に③の思考的心理動詞では、明確な目的語への働きかけがあると判断されるものも多い。たとえば、「計画する、暗記する」の様な思考的他動詞には強い意思性があると判断され、これも、動作動詞との共通点と考えられる。
　人称性に関しては、最も心理動詞と動作動詞との相違が明確であったと思われる。動作動詞の中でも「降る、煮える、ほどける、とどろく」などの多くの動詞は、人間以外の無生物を主語とするのに対して、心理動詞では殆ど全ての動詞が人間主語を取り、無生物主語をとる場合は例外的である。人称制限などの現象には、主語の人間・非人間性とも関連があると思われる。少なくとも、人称制限があることが、運動動詞と区別される理由とはならないと言えるであろう。そして、アスペクト性についての動作動詞との比較対照では、相違よりも、むしろ共通する部分が多いことが確認できた。状態動詞とは大きな違いがあると言え、時間的長短などのはっきりとしたアスペクト性を示すものが多いことがわかったのである。そして、運動動詞の中でも、主体・客体変化を含意するものより、主体の活動を意味する活動動作動詞との共通点が多いことが最終的にわかってきた。これは付帯用法で客体変化を表すものが選択されなかったこととも整合すると思われる。また、心理動詞は時間的性質、他動性という点で一様ではなく、それらを元にいくつかの種類に分類できることがわかった。特に、時間副詞「長い間」との共起観察な

どにより、はっきりとアスペクト的性質に違いが見られるものがあることがわかり、この性質を「持続性」という言葉で表現することとした。そして、この時間的性質においても活動動作動詞との共通点が見られることがわかった。以上は本章での心理動詞研究のまとめである。

次に、これまでの研究を元に、物理世界に属する動き動詞の総体である「外的運動動詞」と心理世界に属する動詞「心理動詞」のより明確な比較対照を試み、その結果をもとに心理動詞の本質について考えたいと思う。

9．外的運動動詞との比較対照

この節では、更に動詞分類において状態動詞以外の動作動詞と変化動詞を統括する外的運動動詞全体と心理動詞との相違点と共通点を挙げ、比較対照することとする。

9.1 相違点

いくつかの観点から、相違点について考察することとする。

①限界性における相違点

限界的な運動動詞は数多いが、心理動詞では殆どみられない。物理世界では動作作用の終了限界はたやすく認められ、心理世界では感知されにくいことは直感的に判断できるが、これらの相違を意味的に考えることとする。

〈限界的な運動動詞〉

Vendlerの分類では、achievement, accomplishmentをあらわすものが相当する。

・achievement…壊れる、つぶれる、落ちる

　これらは下位事象に内項があり、終了結果が表される。

・accomplishment…家を建てる、納屋を壊す

　これらは内項への働きかけが下位事象に受け継がれ終了点がある。

〈限界的な心理動詞〉

前節で述べたように限界性をもつ心理動詞は殆ど無い。従って、心理動詞では下位事象において内項を含まないと判断される。

②意志性とテイル形解釈との関係における相違点

前述のように動作動詞は意志性の有無によって、文法的アスペクトが影響を受けるが、心理動詞ではそのようなことがない。とくに他動性のある動詞でその相違が顕著にみられる。

〈transitiveな動き動詞〉

意志性があるものとないものとで文法的アスペクトが異なる。

・意志性あり…殆どの場合テイル形で進行解釈になる。

　(115)　納屋を壊している（汚れを落としている）。

・意志性なし…殆どの場合テイル形で進行解釈になりえない。効力持続などの解釈に傾く。

　(116)　体を壊している（財布を落としている）。

以上の例文のように、外的運動動詞では、内項の違いや意志性が文法的アスペクトに関与する。

〈transitiveな心理動詞〉

意志性ではなく「持続性」の含意の強弱によって文法的アスペクトが左右され、テイル形解釈が決定される。

・意志性あり…（＋CONTINUOUS）：考えている…進行解釈
　　　　　　　（－CONTINUOUS）：決心している…非進行解釈
・意志性なし…（＋CONTINUOUS）：悲しんでいる…進行解釈
　　　　　　　（－CONTINUOUS）：忘れている…非進行解釈

（＋CONTINUOUS）の「考える、悲しむ」は進行解釈になり、（－CONTINUOUS）の「決心する、忘れる」は進行解釈にならない。運動動詞では意志性の有無によって、テイル形での解釈が分化したが心理動詞では意志性の有無は関与しない。「持続性」の含意の強弱によって、解釈が変わるのである。

　(117)　進学を（友達との仲直りを、歯並びを矯正するのを、暖かいふとん

から出るのを）決心する。

(118)　＊進学を一週間ずっと決心している。

上の例文の文法性の違いは、意志性や目的語に関してではなく「持続性」の含意によって差が出ている。他動性のある心理動詞の場合、運動動詞と違って下位事象に内項がないので、内項への働きかけを表すことができず、テイル形解釈において内項の意味的関与は殆ど起こり得ないと考えられる。しかし、これらの現象によって心理動詞と運動動詞が全く異なる性質を持っているとはいえない。なぜならば、心理動詞にもはっきりとしたアスペクト対立があるし、強い意志性を表すものも多いからである。運動動詞との相違は、物理世界での動作作用と心理世界での動作作用との違いによるものであり、特に他動詞は内項との関係でその差異が明確になる。つまり、物理世界に属する動作対象をとる場合、動作の終了限界、対象の変化結果は可視的で明確に認知されるが、動作対象が心理世界に属している場合、動作作用の時間的長短は認知できても終了限界の決定は困難であり、動作対象の変化結果も不可視である。また物理世界の動作対象は意志性に密接に連動するが、心理世界の動作対象はそうではない。動作対象が何であれ、意志的心理動詞と無志的心理動詞は入れ替わらない。

Hopper and Thompson（1980）では、他動性の高低を決定する要素を挙げているが、そのうち「限界性」「影響性」という点では、心理動詞は他動性が低いと考えられる。これらは前述の様に物理世界と心理世界の差異によるものであろう。心理活動では心理主体が「焦がれ死ぬ」「憤死する」の様な心理活動の影響を受けることがあっても、対象に影響を与えることは一般的に考えられない。「〜を呪い殺す」の様なものは心理動作を超えて外的動作に近くなっていると思われるからである。また、「覚える、暗記する」などの様に、何かを意志的に記憶して主体に取り込むという意味の一連の心理活動は、「食べる、飲む」の様な飲食によって何かを取り込む解釈に近く、ある種の限界性を含意するように見える。動作の継続時間を一定時間内に制限する時間副詞「〜（時間）で」などは限界性を含意する述語と共起するが、

(119)　太郎は試験直前に化学式を三個、五分で覚えた。
　(120)　太郎は試験前にパンを三個、五分で食べた。
のように、「覚える」などとは共起する。（前節でもこの点に関する記述がある。）しかし、「覚える」という心理活動は、動作結果の永続的残存までは含意せず、また、「化学式」も動作による変化を受けない。これらの影響性の点で、現実的な動作により動作対象に永続的物理的変化を起こす「食べる」などの飲食動詞とは区別され、やはり限界的性質は質的に異なっていると思われる。

　これらの相違点は、しかしながら、動詞の本質的な差異ではなくただ物理世界と心理世界の差異という要因に因るものである。

　三原（2004）では動詞全体を限界的性質によって類型分類しているが、強い非限界性を示す「−限界動詞」[−delimited]の性質を持つものに、心理動詞「疑う、うらむ、恐れる、感謝する、嫌う」などを挙げている。また、アスペクト限定成分などによって、非限界的事象が無理矢理限界的なものに転換されている現象を分析し、活動動詞（主体動作動詞）を三つに下位分類している。これらの類型に即して考えると、「〜マデニ」などの付加で限界性を持つ様になる「α限界動詞」には、

　(121)　？あの先生は怒りっぽくて、夏休みまでに三回キレた。（A型）
　(122)　？たけしは今までに、二回家出を企んだ。（C型）
などが考えられ、動作対象項や付加限定詞によって限界性を持つ様になる「±限界動詞」には、前掲の

　(123)＝(119)　太郎は試験直前に化学式を三個、五分で覚えた。（C型）
のようなものも入れられるのではないかと思われる。

　本研究で提案した「持続性」の含意にも同様に強弱が見られるので、レベル分けが可能であると思われる。強弱の順に三種に分けることとすると、

　①「持続性」の強いもの…ぼーっとする、のんびりする、愛する
　②「持続性」の弱いもの…驚く、あきれる、ひらめく、激怒する
　③中間的なもの…困る、怒る、考える

の様に分類することができると思われる。
　また、「持続性」の有無は、「瞬間性」と関わるが、「瞬間性」は、「ぱっと」「さっと」など、瞬間的副詞の付加や、補語成分などによって相対的に変化することがある。また、反対に一定期間持続することを示唆する期間副詞「ずっと」「しばらく」などの付加によっても、「持続性」が影響を受ける場合がある。森山（1988）、工藤（1995）でも指摘されている様に、動詞のアスペクト性には「相対的」なものと「絶対的」なものがあると思われる。「絶対的」なものは、動詞に本来焼き付けられている不変化的なアスペクト性を指し、「相対的」なものは、前述の様な瞬間的副詞の付加や、一定の継続を表す期間副詞の付加、あるいは補語成分など文脈的要素によって相対的に決定されるものであると判断する。外的運動動詞では、目的語などの補語成分が「持続性」を決定する場合も多く、「相対的」アスペクトの影響が強いようであり、また、「壊す」「登る」「散る」「増える」など、テイル形の解釈が動作進行読みと結果残存読みの両義解釈できるもの、いわゆる二側面動詞も存在する。「持続性」だけでなく限界性に関しても、中間的なものが多いことは、外的運動動詞の特徴といえるであろう。前述の、③中間的なもの（困る、怒る、考える、etc.）は、心理動詞群の中で、外的運動動詞の様に「相対的」なアスペクト性を有するものであると考えられ、異なる時間的性質を持つ副詞の付加によってそれぞれ「持続性」が変化するのが観察される。
　(124)　太郎は、先生にどう返事したら怒られないか、素早く考えた。
　(125)　太郎は、プロジェクトの今後の進め方について、一週間考えた。
上例の様に、付加された副詞によって「持続性」に違いが見られ、この様な動詞は相対的なアスペクト性を持つと考えられる。
　一方、①「持続性」の強いもの（ぼーっとする、のんびりする、愛する）や、②「持続性」の弱いもの（驚く、あきれる、ひらめく、激怒する）は、時間的副詞の付加によっても「持続性」に変化が見られない。
　(126)　＊太郎は、自分の部屋でさっとのんびりした。
　(127)　＊花子は、太郎が言ったことで一週間激怒した。

これらの心理動詞は、「絶対的」なアスペクト性を有すると思われるので、心理動詞の「持続性」の含意の強弱には程度差があるということがわかる。しかし、心理動詞では、時間的副詞の付加による影響は見られるが、補語成分などによる影響は例外的であり、「相対的」なアスペクト性をもつものは少なく、大部分が「絶対的」なアスペクト性を持つと思われる。動詞の補語成分による「持続性」の強弱への影響は例外的にしか見られないからである。

　この点で、補語成分など文脈的要素によって相対的にアスペクト性が決定されるものが多い外的運動動詞との相違点が見られ、物理的要素の影響が少ないという心理動詞の性質との相違が観察される。この現象は、アスペクト的な性質が異なることによる相違ではなく、物理世界と心理世界という事象の性質の相違によるものであると考えられる。

　以上、動詞としての機能という点からみると、相違点よりもむしろ非常に共通する点が多いということを強調して、次に共通点についての考察を加えたいと思う。

9.2　共通点

　前述のように、心理動詞にははっきりとしたアスペクト性がみられ、また意志性をもつものも多く、これらは外的運動動詞との大きな共通点であるが、更に他の点についても記述を加えることとしたい。「持続性」などのアスペクト的性質では動作動詞と多くの共通点を示しているが、比較を明確にするために、外的運動動詞と心理動詞を二種の自動詞、他動詞の三種に分類し、それぞれの分類について比較考察を加えることとする。

　①心理自動詞と非能格自動詞
〈非能格自動詞〉…歩く、泳ぐ、せきこむ、くしゃみする

　これらの動詞は語彙概念構造で次のように表される。

　　　[x ACT]，（±CONTINUOUS）

　これらの自動詞はA．驚く型、及びB．悩む型心理自動詞に近いと思われる。
〈A．驚く型自動詞、B．悩む型自動詞〉…驚く、思う、のんびりする、

ボーッとする

A.驚く型、及びB.悩む型心理自動詞は語彙概念構造で次のように表される。

 [x EXPERIENCE]，（±CONTINUOUS）
  （ACT）

両者の概念構造は類似しており、動作対象がなく、主体の意志的・非意志的動作を表すという共通点がある。また、結果性を含意せず、主体の活動のみを表す。更にいくつかのテストにより、心理動詞の非能格性を確認することとしたい。

ⅰ）「漢語ヲする」変形…ブルツィオの一般化の適用により、思考動詞を中心とした漢語起源動詞などで「ヲ」が入れられるかどうかのテストをする。

(128) OK 精神統一ヲする（リラックスヲする）。

(129) OK 読書ヲする（会話ヲする）。

これらの主語は外項の位置にあるので、漢語成分にヲ格を付与することができる。この現象は外的動作動詞の非能格自動詞と符合する。

ⅱ）「一度〜すると元には戻らない」による結果性の有無…結果性を表す文型に入れて終了限界性を見る。

(130) ＊一度困る（あきれる、喜ぶ、苦しむ、イライラする）と元には戻らない。

(131) ＊一度走る（歩く、笑う、泳ぐ）と元には戻らない。

(132) 一度溶ける（腐る、壊れる、沈む）と元には戻らない。（非対格動詞）

この現象でも、心理自動詞は外的動作動詞の非能格自動詞と符合する。

②心理自動詞と非対格自動詞

〈非対格自動詞〉…[y BECOME [y BE AT z]]（±CONTINUOUS）

〈A．驚く型、B．悩む型自動詞〉…[x EXPERIENCE]，（±CONTINUOUS）
              （ACT）

概念構造を比較すると内項の有無や下位事象で相違していることが観察さ

れる。非能格自動詞で行ったように判別テストをする。

ⅰ）使役受身文…非能格自動詞や他動詞の主語は使役受身にできるが、埋め込まれている非対格自動詞の主語は使役受身文にできないことを利用して相違点の確認をする。

(133)　太郎はいつもこの踏み切りでイライラさせられる。（心理自動詞）

(134)　花子の学校の生徒は毎朝五分間走らされる。（非能格自動詞）

(135)　＊田中氏はストレスの多い仕事で老けさせられた。（非対格自動詞）

　A型は「持続性」が弱く短期的な心理変化を表すので、非対格動詞に一見類似する性格をもつ。しかし、両者は内項の有無という大きな相違があり、これは多くの言語現象に反映している。前掲の(130)(131)(132)でも、結果性という点で大きな相違が見られた。外的運動動詞においても非対格自動詞と非能格自動詞には文法的性質で明確な相違点があるが、この相違点は心理自動詞においても同様に観察され、意味的・構造的な共通点が認められる。

③心理他動詞と外的動作他動詞

〈外的動作他動詞〉

　　［x ACT ON y］(CONTROL [y BECOME [y BE AT z]])．(±CONTINUOUS)

〈C．信じる型他動詞〉

　　［x ACT y］．(±CONTINUOUS)

　　(EXPERIENCE)

　概念構造で表すと内項の存在で類似していることが観察されるが、限界的な外的動作では動作対象に下位事象で変化が受け継がれるのに対し、心理動詞では下位事象に内項がないため、対象の変化が起こらない点では異なっている。しかし、意志性が共に多く見られる点では共通していると思われる。Agentivityに関する共通点を変形テストによって観察する。

ⅰ）「してもらう」変形…「してもらう」に変形し意志性の有無を観察する。

〈C型（他動詞タイプ）〉

(136)　考えて（理解して、信じて、認めて、˙反省して、覚悟して、信用し

て）もらう。

〈A型、B型（非能格自動詞タイプ）〉

(137) ＊驚いて（あがって、困って、のぼせて）もらう。

(138) ？悩んで（苦しんで、イライラして）もらう。

〈外的動作他動詞〉

(139) 書いて（読んで、食べて、作って、直して）もらう。

　心理他動詞では、かなり強い意志性を示すものが多数存在することから、外的動作他動詞の意志性との共通点が観察される。外的運動動詞においても、強い意志性を示すものは他動性のあるものに多い。また、漢語動詞変形によっても共通性が確認できる。

ⅱ）「漢語ヲする」変形

(140) OK　覚悟ヲする、誤解ヲする、想像ヲする。（心理他動詞）

(141) 観察ヲする、洗濯ヲする、見学ヲする。（外的動作他動詞）

　非能格自動詞との共通点でも観察されたが、他動詞でも容認度が高いことがわかる。外項の位置にあるこれらの主語はヲ格を付与することができるからである。動作対象への働きかけや意志性の点で、心理他動詞においてもやはり外的動作他動詞との共通点が見られることがわかった。

　以上、三種の自他動詞それぞれで外的運動動詞との共通点を確認した。結論として、動詞としての性質は共通する部分が非常に多いということが言えるであろう。そして両者の相違点は、動詞としての性質に関するものでなく、むしろ動詞が表す事態の質的な相違にあると思われる。変化結果が顕著に感知されうる物理世界に対し、心理世界では変化結果をクリアに組み込むことがない。従って、変化の含意（限界性）よりも動作の持続性がアスペクト的性質に強く影響するのであろう。物理世界と心理世界の異なりが様々な言語現象となって表出していると思われる。

　また、「イライラする」などの擬態語起源の動詞について、心理活動を表すものと身体状況を表すものの両者が見られるが、動詞的性質について不明確なものが多いと思われるので、これについても節を改めて少し考察を加え

ることとする。ここまでの考察を元に外的運動動詞と各型の心理動詞を線状図・樹形図で表し、心理動詞の各型を図示し結論に代えたいと思う。

図5

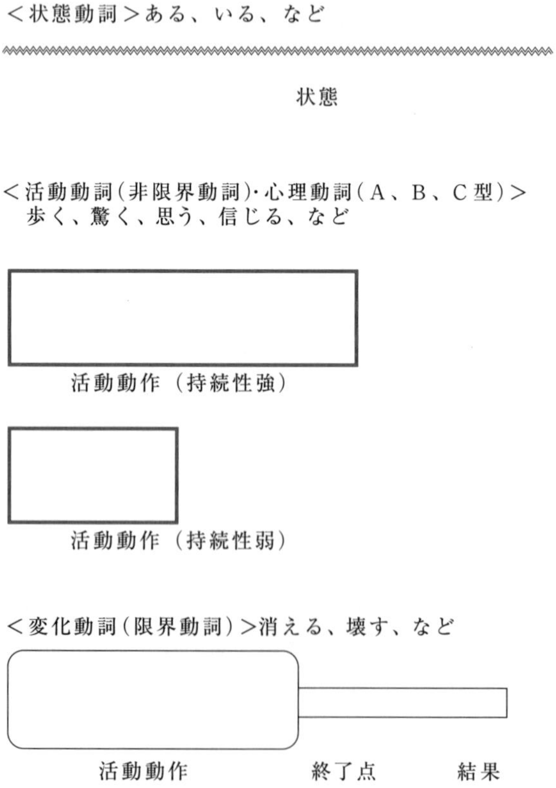

＜状態動詞＞ある、いる、など

～～～～～～～～～～～～～～～～～～～～～～～～～～～～～～～～

状態

＜活動動詞（非限界動詞）・心理動詞（A、B、C型）＞
　歩く、驚く、思う、信じる、など

活動動作（持続性強）

活動動作（持続性弱）

＜変化動詞（限界動詞）＞消える、壊す、など

活動動作　　　終了点　　結果

第6章 心理動詞の動詞的性質について　131

図6
＜動詞分類の相互関係＞

状態動詞	運動	動詞
	変化動詞	動作動詞（心理動詞含む）

＜運動動詞＞

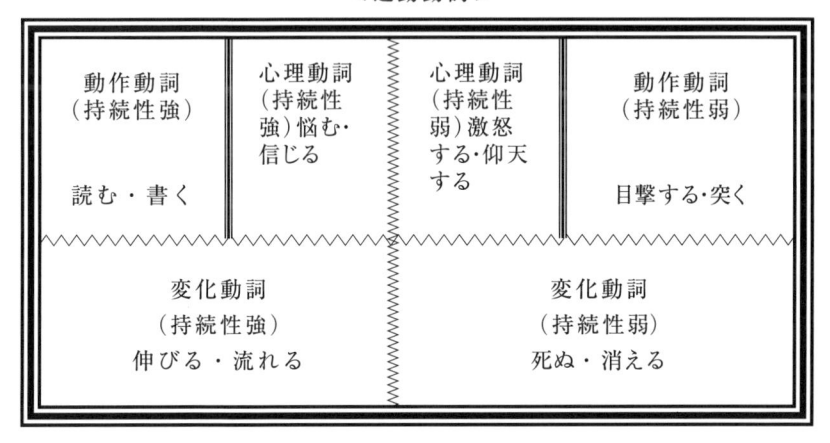

動作動詞 （持続性強） 読む・書く	心理動詞 （持続性強）悩む・信じる	心理動詞 （持続性弱）激怒する・仰天する	動作動詞 （持続性弱） 目撃する・突く
変化動詞 （持続性強） 伸びる・流れる		変化動詞 （持続性弱） 死ぬ・消える	

次に、各タイプの外的動作動詞と心理動詞の持続性と意志性を表11にまとめて表した。

表11：各タイプ別の外的動作動詞と心理動詞の持続性の強弱と意志性の有無

	心　理　動　詞			外的動作動詞	
	驚く型 自動詞	悩む型 自動詞	信じる型 他動詞	非能格 自動詞	他動詞
持続性	－	＋	＋ －	＋ －	＋ －
意志性	－	＋ －	＋ （－）	＋ －	＋ （－）

（持続性の強弱も意志性の有無も共に＋－で表し、両方の傾向が見られるものは両方記入した）

図7　非能格自動詞

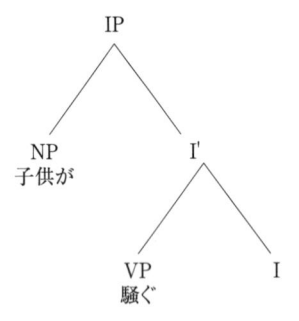

```
        IP
       /  \
     NP    I'
    子供が  / \
         VP   I
         騒ぐ
```

図8　他動詞

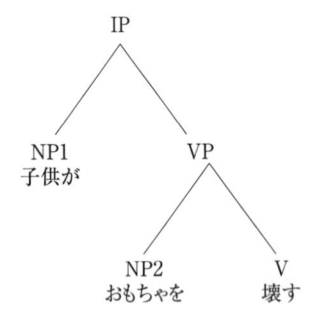

```
        IP
       /  \
     NP1   VP
    子供が  / \
         NP2  V
        おもちゃを 壊す
```

図9　非対格自動詞

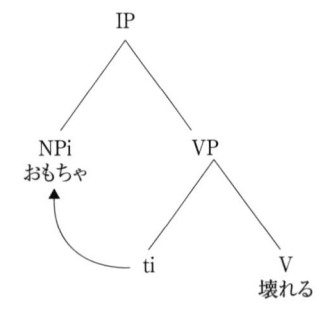

```
        IP
       /  \
     NPi   VP
    おもちゃ / \
          ti   V
              壊れる
```

図10　A．驚く型
（心理動詞、（－CONTINUOUS））

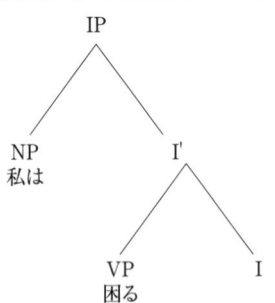

```
        IP
       /  \
     NP    I'
    私は   / \
         VP   I
         困る
```

図11　B．悩む型
（心理動詞、（＋CONTINUOUS））

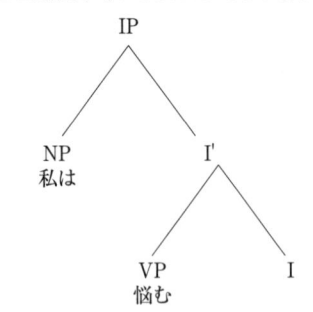

```
        IP
       /  \
     NP    I'
    私は   / \
         VP   I
         悩む
```

図12　C．信じる型
（心理他動詞、（±CONTINUOUS））

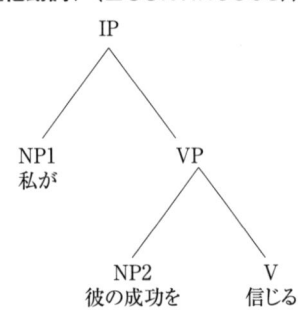

```
        IP
       /  \
     NP1   VP
    私が   / \
         NP2  V
       彼の成功を 信じる
```

第6章　心理動詞の動詞的性質について　133

10．心身の状況を表す擬態語動詞について

　次に、「イライラする、おどおどする」など、擬態語に「する」をつけて派生的に成立した動詞について、文法的性質を調べることにしたい。これらには、心理活動を表すものと、身体状況を表すものが混在し、アスペクト性などの文法的性質が明確にされていないと思われる。まず、意味的な違いから三タイプに分類することとする。

αタイプ…主に感情的な心理状態を示すもの
　「あきあきする、イライラする、くさくさする、せいせいする、ハラハラする、ワクワクする、どきどきする、かっとする、ほっとする、ボーッとする、むっとする、うんざりする、しんみりする、げんなりする、うっかりする」

βタイプ…心理状態のほかに身体的動きをも強く含意するもの
　「おどおどする、おろおろする、そわそわする、だらだらする、ふらふらする、どぎまぎする、じたばたする、ぐずぐずする、でれでれする、もたもたする、にやにやする、いちゃいちゃする、しょんぼりする、のんびりする、ぶらぶらする」

γタイプ…主に知覚感覚を表すもの
　「ジンジンする、ずきずきする、きりきりする、がんがんする、ちかちかする、ちくちくする、ひりひりする、むずむずする、ぞくぞくする、ざらざらする、つるつるする、ぬるぬるする、ねとねとする、べとべとする、ぐったりする」

(142)　OK　態度には出さなかったが心の中ではほっと（せいせい）していた。
(143)　＊態度には出さなかったが心の中ではにこにこ（そわそわ）していた。

以上の例の様にβタイプはαタイプと違い、外見的に顕著な兆候が見られる。

10.1 タイプごとの特徴

①意志性

意向形によって観察をする。

αタイプ…主語はすべてExperiencerである。

(144) ＊今日はあきあき（イライラ、くさくさ、ハラハラ、がっくり）しよう。

βタイプ…主語は殆どすべてExperiencer、しかしAgentも存在する。

(145) ＊今日はおどおど（おろおろ、そわそわ、ぐずぐず）しよう。

(146) OK　今日はのんびり（ゆったり）しよう。

γタイプ…主語はすべてExperiencerである。

(147) ＊今日はずきずき（きりきり、がんがん、ちくちく）しよう。

αタイプ、γタイプは殆ど意志性がないがβタイプは一部意志性が見られる。

②「持続性」

テイル形で進行解釈できるかを観察する。

αタイプ

〈持続性強〉

　くよくよ（くさくさ、ハラハラ、ボーッと）している

〈持続性弱〉

　かっと（ほっと、むっと、うっかり）している

〈テイルがつかないもの〉

　ぞっとする、どきっとする、ひやっとする

〈ル形とテイル形が共に現在の状態を表しているもの〉

　うきうきする、どきどきする、イライラする

βタイプ

〈持続性強〉

　おどおど（おろおろ、そわそわ、ぐずぐず、だらだら、きょろきょろ、うとうと）している（殆ど全て）

γタイプ

〈テイルがつかないもの〉
　きりきりする、すっとする
〈いつもテイル形で用いられるもの〉
　さらさらしている、つるつるしている、ねとねとしている、ごわごわしている

10.2 タイプごとの特徴のまとめ

- α タイプ…アスペクト対立を示すものと、示さないものが混在する。ル形で現在の状態を表すなど、状態動詞的な分化を示すものもある。意志性は殆ど無く、多様な感情的心理状態を表すため、語彙的特徴も多岐にわたっている。
- β タイプ…心理状態に伴った動作を表現することが主要な意味内容であるからか、外的動作動詞と非常によく似た振る舞いをする。すべてテイル形にすることができ、ほとんどすべて進行解釈される。意志性も一部見られ、ル形では現在の状態を表しにくく、完全なアスペクト対立があり状態動詞的なものはなく、殆ど「持続性」が強い動作自動詞に包括できる。また、外的動作が第一義的な意味であり、外見から顕著に観察される点で心理的感覚的な他の二タイプと異なり、二、三人称主語も許容される。「＊私はそわそわ（にやにや）している」など一人称主語は少なく、「彼はそわそわ（にやにや）している」など、第三者の様態を表すものが多いのが特徴である。
- γ タイプ…継続的な意味を示すものが多いが、ル形とテイル形の意味の差が少なく、金田一分類の第四種の様なものも見られる。知覚感覚は身体の状況を認識確認するだけで心理的身体的動作作用は伴わないためと考えられる。意志性は認められず、主体の知覚感覚の表現が第一義であり、物の性質・状態を表す状態動詞的用法は派生的用法であると思われる。

外見的な動きを表現する β タイプは他のタイプより動き動詞に近く、α タ

イプ、γタイプの様に主体の感情感覚的心理状態を表すものは状態動詞用法への派生が見られる。また、語構成的・音声的に観察すると、βタイプ、γタイプの殆どに見られる「●○●○」型に「する」がついたものはテイル形で進行解釈される場合が多い。畳語で動作・状態の反復継続を含意し、何らかの持続性を表現するからと考えられる。また、長音を含む「ボーッとする」も、「ジーッと、ズーッと」などの副詞類と同様に事態の継続を意味している。反対に促音は瞬間的事態を表現していることが多く、αタイプに多く見られる「○ッと」型は進行解釈される場合が少なく、促音の語感で瞬間的な変化を表していると思われる。また、清濁音の対比によっても事態の程度・性質を表し分けていると思われ、擬態語動詞は音声的要素と意味の関係が強いと思われる。以上の考察をまとめると、各タイプの動詞はアスペクト性・意志性から見ておよそ次のように表される。

10.3 タイプごとの語彙概念構造での考察

　以上の考察をまとめ、各タイプの動詞をアスペクト性・意志性から考えておよそ次のように語彙概念構造で表される。

　αタイプ
　　［x EXPERIENCE］，（±CONTINUOUS）
　　　（ACT）
　βタイプ
　　［x ACT］，（＋CONTINUOUS）
　γタイプ
　　［x EXPERIENCE］，（±CONTINUOUS）

　これらのタイプの動詞はいずれも他動性がなく、心理主体の内的、外的動作を表す自動詞であることがわかる。しかし、従来の研究では、これらの擬態語動詞は一般の動詞とは区別して扱うことが多く、統語的に体系化されることが少なかったようである。非能格性に焦点をあてて観察すると、外的動作動詞や心理活動動詞との共通点、いわゆる「動詞らしさ」を見出すことが

できる。三タイプの中で最も動き動詞に近いのはβタイプである。人称性との関係を観察すると、他のタイプは主観的心理状態を表し一人称をとることが殆どであるが、前述の様にβタイプだけは客観的な外的動作を表すためかえって一人称をとらないことが多い。

(148)　＊私はさっきからにやにや（おどおど）している。

客観的な外見を表現するので、主観的視点とは相容れないためであろう。

　反対に、最も状態動詞性が強いのはやはりγタイプであろう。殆ど意志性は見られず、「つるつるしている、ねとねとしている、ごわごわしている」など属性形容詞化しているものも多い。

　ここまでの考察から、αタイプは、心理動詞に含まれ、「持続性」の強弱により「驚く」型、「悩む」型、の両型に分布すると考えられる。テイル形で進行解釈にならない「ほっとする、うんざりする」などは「持続性」が弱い「驚く」型に、進行解釈になる「ボーッとする、しんみりする」などは「持続性」が強い「悩む」型にあたる。

　次に心理動詞・外的動作動詞との対応関係をまとめることとする。

10.4　動詞分類との関係とまとめ

　心理動詞や外的動作動詞との対応関係を語彙概念構造で表すと、次の様になると思われる。

　擬態語動詞αタイプ…心理動詞（±CONTINUOUS）
　　［x EXPERIENCE］,（＋CONTINUOUS）…心理動詞「悩む」型
　　　（ACT）
　　［x EXPERIENCE］,（－CONTINUOUS）…心理動詞「驚く」型
　擬態語動詞βタイプ…外的動作動詞（＋CONTINUOUS）
　　［x ACT］,（＋CONTINUOUS）…外的動作動詞・「持続性」強
　擬態語動詞γタイプ…心理動詞（±CONTINUOUS）、状態動詞、属性形容詞
　　［x EXPERIENCE］,（＋CONTINUOUS）…心理動詞「悩む」型

［x EXPERIENCE］,（-CONTINUOUS）…心理動詞「驚く」型
　　［x EXPERIENCE］,（Φ）…状態動詞、属性形容詞
　次に、心理動詞の性質研究の手掛りの一助として、外国語との対照を試みることとし、中国語の心理動詞と対照したいと思う。

11. 心理表現の日中対照

11.1　心理表現の対照研究の意義

　これまで見てきた様に、心理活動や心理変化などを表現する動詞は外見的に認知されにくいということで、時間との関係や項関係などの点で文法的本質が見極めにくいという性質がある。これは日本語のみならず中国語においても同様である。中国語学における先行研究の多くの論文で心理動詞は状態動詞ととらえられ、また多くが心理形容詞と見なされている[14]。
　本研究では特に時間との関わりを明らかにするために、日中両国語の一般によく用いられる心理動詞を抽出し、アスペクト語句との共起関係などによって比較対照したい。さらに中国語では心理動詞と心理形容詞の距離が近いが、語彙の全体的な位置付けにおいてどのような関係にあるのかを明確にしたい。また日本語と中国語の心理的表現には人称との関わりや表現方法などで相違点が多く見られるが、これらについても考察を加えることとしたい。中国語における言語現象との比較対照は日本語の心理動詞[15]の考察における有効な手がかりとなると思われる。

11.2　心理表現の日中差

　中国語では心理活動を客観的に捉え、日本語では主観的内省的に捉える。これらの違いがさまざまな心理表現で現れる。
　Ⅰ）人称制限の違い
　(149)　ａ．他很伤心。
　　　　ｂ．＊彼は悲しい。

(150)　a．他很高興。
　　　　b．＊彼はうれしい[16]。

日本語では感情形容詞に三人称主語が許容されるのにいろいろな条件があるが、中国語では普通の会話文でも、許容度が高い[17]。

(151)　a．雨天的晚上开车真可怕。
　　　　b．雨の夜の運転は本当に恐い。
　　　　c．（私は）雨の夜の運転は本当に恐い。

日本語では感情主の位置に「私」が現れなくても強制的に意味解釈される。中国語では心理表現を客観的に表現するので、「雨の夜の運転」が判断説明を受ける。「私」を介入させるときは「我感到」というように別の文が継ぎ足される。

Ⅱ）表現方法の違い

(152)　a．私はとても辛い。切ない。
　　　　b．我很难受。
(153)　a．私はこの味が懐かしい。
　　　　b．这个菜我好久没吃。

日本語では「辛い、懐かしい」という状況を包括的に内面描写するが、中国語では「受け入れ難い」「長い間食べていない」という具体的、局面的な表現をとる。中国語の語彙には、局面で全体を表現する一点集約的なものが多くみられる。

(154)　a．他吃了一个小时的饭。
　　　　b．＊彼は一時間のご飯を食べた。
　　　　c．彼は一時間もの間ご飯を食べた。

日本語では時間と事象の係わりによって認知するが、中国語では事象そのものを時間から切り離して量的に認知できる。中国語で数量詞遊離が起こり難いのは、日本語のように事象をイベントの回数で把握せず、数量詞は名詞句を量的に束縛し分離不可能であるからであると思われる。これらの言語間の事象の捉え方の相違については、後の章で改めて考察を加えることとする。

中国語の「烦恼」「惊讶」(「悩む」「驚く」)などのES型心理動詞(「思う」「考える」などの認識動詞や「痛む」「うずく」などの知覚動詞とは区別する)は、先行研究も少なく動詞分類的にも未だ明確な位置付けがなされていない。日本語において心理動詞は外的動作動詞との共通点も多く、動詞分類上、活動動詞に属すると考えられる事を述べたが、中国語の心理動詞も同じく非限界的な活動動詞に分類されうることを提案したい。その根拠として中国語においても、心理動詞は状態動詞ではないことを、また心理動詞は限界動詞ではないことを、対照的視点で観察したいと思う。更に日本語と比較して心理動詞は心理形容詞との区別がつきにくく、両国語における表現上の差異が認められるので、心理形容詞についても考察を加えることとしたい。

11.3 中国語心理動詞と状態性

中国語の心理動詞で使用回数が多いと思われるものを抽出して考察を加える。まず、日本語と同様、状態動詞ではないことを観察するため、状態動詞に付加できないアスペクト成分が付加できるかどうかを、中国人話者によるアンケート調査を元に調べる。状態動詞には付加できないアスペクト成分「开始~」(~し始める)、「~着」(~している)、「~过」(~したことがある)、「~完了」(~し終わる)、また、形容詞を修飾する程度副詞「很~」(とても~だ)を付加できるかどうかについてのアンケート結果を分析し、動詞的性質を調べ、その結果を表12で表した。(「~着」(~している)の他に「在~」も動作進行を表現するが、これについては口頭でアンケートを行った。)

自動詞については、日本語と同様、殆ど非能格自動詞であり、Experiencer主語を持つと考える。他動詞についても一部弱いAgent主語をもつと考えられるが、概ねExperiencer主語をとると考える。以下、例文を観察しながら分析を加えたい。日本語の状態動詞は現在進行の意味の継続状態を表す「ている」をつけられないが、中国語状態動詞「在」「有」にも継続状態を表す「着」「在」をつけることが出来ない。しかし両国語ともに心理

第6章 心理動詞の動詞的性質について　141

表12：アスペクト成分付加の許容度

	开始	着	过	完了	很
生气	78	92	92	16	100
失望	82	48	100	0	100
满意	58	52	92	0	100
害怕	94	42	100	8	100
习惯	92	34	42	0	82
腻	48	18	38	0	46
恨	32	68	92	16	36
喜欢	100	92	100	0	100
讨厌	94	74	100	0	100
后悔	100	58	92	0	100
担心	82	100	100	8	100

（各動詞との共起が可能かどうかインフォーマントによるアンケートを集計した。いずれも（「可能」回答者数／参加者数）を％で表した。出身地分布は中国南部・西部・北部の順で多い。腻は　吃腻，听腻などで普通現れる。）

動詞にはこれらのアスペクト成分を付加することができる。（中国語では動作進行・結果残存のアスペクト分類が希薄で区別が殆どないが、ここではアスペクト性の有無のみを問題とする。）

(155)　＊彼は教室にいている。
　　　＊部屋にエアコンがあっている。
(156)　＊他在着教室里。
　　　＊房间里有着空调设备。
(157)　私は彼を心配している。…心理動詞は概ね許容、「持続性」 強
(158)　彼は怒っているようだ。…心理動詞は概ね許容、「持続性」 弱
(159)　我担心着他的消息。（私は彼のことを心配している。）…心理動詞は概ね許容
(160)　他在生气。（彼は怒っている（ようだ）。）…心理動詞は概ね許容

これらの例文が示す様に、「ている」「着」「在」はいずれも状態動詞と共起しないので中国語においても心理動詞は非状態性を持つことがわかる。また、日本語では心理動詞の持続的性質に強弱があると思われ、時副詞の選択制限など統語現象にも反映されているが、中国語では、比較的「持続性」は弱いと思われる「怒る」「生气」にも継続のアスペクト成分「在」が付加され、「持続性」の強弱（±CONTINUOUS）は統語現象にあまりはっきりと現れていない。また、「他在生气」という三人称主語心理動詞文でも推量成分を付加する必要がなく成立する。これは、前述の様に言語間の表現法の相違であると判断される。また、日本語動詞の特徴として、状態動詞のル形は現在の状態を表すが、他の動詞のル形は未来読みになる。これはル形やタ形など動詞変化のない中国語では状態性の判断基準にはならない。

　(161)　今度だめだったら<u>諦める</u>よ。（殆どの心理動詞は未来読み）

11.4　中国語心理動詞と限界性

　両国語の心理動詞に終了時点や物理的位置的変化が見られないことなどから限界動詞でないことは直観的に判断されるが、「〜かけのN」のテストで調べることとする。中国語では「快要做了的N」の形になり、日本語より多くの動詞に適応されるが限界動詞の場合最も自然である。

　(162)　死にかけの人、消えかけの蠟燭、読みかけの本、＊見かけの映画
　　　　（限界動詞はほぼすべて許容）
　(163)　快死的人，快灭的蜡烛，读了一半儿的书，看了一半儿的电影、(162)
　　　　の中国語訳
　(164)　＊悩みかけの人、（心理動詞はすべて不可）
　(165)　＊有点儿烦恼的人。（終了読みにならず意味的変化あり）(164)の中国語訳
　(166)　走りかけの人、歩きかけの姿勢（活動動詞でも許容される例）
　(167)　快要跑的人，快要走的姿勢（すべて承前相を表し、開始限界を問題とする）(166)の中国語訳

以上の観察により、両国語の心理動詞はともに終了限界は表さないが、開始限界を表しうることがわかる。

(168) 彼はこの勉強会に参加したことを十分で後悔した。
(169) 他过十分种就开始后悔了参加学会的事情。(168)の中国語訳

中国語の動詞のほうが「～かけの」の形に適応しやすく、また、限界動詞以外はほとんどすべて開始読みになり、より開始限界を問題にする傾向があるようである。しかし、心理動詞では共に限界性が見られないことが明確になった。

11.5 心理形容詞との比較

中国語の形容詞のうち「動態形容詞」と呼ばれるものは自律変化を含意し、アスペクト成分「已经」「了」などと共起し、動詞との区別がつきにくい。この様なものは動詞として分析されたり、形容詞として分析されたり流動的な位置付けである。また感情を自己中心的に微細に表現する日本人とその状態を外から客観的にとらえる中国人の違いが心理表現の違いに反映し、中国語の心理形容詞に人称制限が殆どないことや、「さびしい」「なつかしい」にあたる中国語の形容詞がないことなど様々な相違が生じている。

(170) ＊彼はうれしい。 OK 他很高兴。
(171) さびしい≒难受　なつかしい≒好久没见（いずれも動詞表現）

11.6 日中心理自他動詞の対照[18]

最後に日中の心理動詞の自他動詞を分類し対照することとする。

 自動詞…烦恼（悩む）、烦恼（困る）、惊讶（驚く）、吃惊（あきれる）、怒（怒る）、腻（あきる）、失望（まいる）、迷茫（戸惑う・ためらう）

 「慣れる」「あこがれる」「懲りる」などは、中国語ではいずれも他動詞として目的語を取って表現される。

 他動詞…怕（恐れる）、忍受（こらえる）、恨（憎む）、喜欢（好く）、讨

厭（嫌う）、后悔（悔やむ）、崇敬（尊ぶ）、死心（あきらめる）、害怕（懲りる）、习惯（なれる）、憧憬（あこがれる）

日中語の自他動詞分類は一部を除きほぼ一致することが観察される。

11.7　この節のまとめ

　日本語と中国語の心理動詞表現を心理形容詞も含め比較対照した結果、アスペクト的な共通点が明らかになった。また、語彙全体の位置付けからの考察も試み、事象認知の差によると思われる、いくつかの表現差についても考察した。結論として、中国語の心理動詞においても非状態性や非限界性、すなわち動作動詞性が見られることがわかり、この点で本章の主張と重なり合うことがわかった。

12.　この章のまとめ

　第6章では、心理動詞について意味規定を考え下位分類し、それぞれの分類について意思性や人称性、アスペクト性などを観察した。意味的に三分類した心理動詞を擬態語動詞も含め文法的に分析し、非能格・非対格自動詞、他動詞との比較対照などのさまざまな角度から観察した結果、多くの点で動作動詞に近似していることがわかった。アスペクト性、そして意志性など、状態動詞には見られない文法的性質が明らかになった。また限界性や意志性と文法的アスペクトとの関係などの点でみられた相違点はすべて物理世界と心理世界の差異に由来するものであり、外的動作動詞との近似という本質的な性格を否定するものではないと思われる。これらの特徴は心理動詞が状態動詞や限界動詞とは本質的に異なっていることを示唆している。また、人称制限など心理動詞特有とされてきた特徴も、心理世界と物理世界の異なりが言語現象として表出しているだけであり、心理動詞を外的動作動詞と異質のものとする論拠にはなりえないと思われるが、この点については章を改めて再度述べたい。

第6章 心理動詞の動詞的性質について　145

　第2章で見たテ形節の付帯用法の動詞選択的規則を再度振り返ると、状態的ではないもの、という強いアスペクト的規則があった。心理動詞がこの規則を満たしているということは、即ち状態的ではないということであり、この章の考察結果と符合する。また、前後で主語の意味役割が一致するという規則を見たとき、Experiencer、Agentという組み合わせが唯一許容されるという現象があった。これは、経験者主語を持つ心理動詞の動作動詞性を表している。心理動詞が状態的でなく活動的性質を持つので、この様な意味役割の組み合わせが許容されると判断する。

　また、第3章で見た様に、継起用法では、心理動詞が選択されなかった。この用法は、前節事態の終了を含意するので、非限界性を強く意味するものは選択されない。心理動詞の持つ非限界的性質が、この選択制限に関わっていると考えられる。また、因果用法では前後節で視点の統一が要求されるが、この用法では、心理動詞や心理形容詞など心理表現が多く選択される。この視点という概念は、心理表現での人称制限という文法現象とも関わっていると思われ、これらの現象についても、心理表現と視点との関係について考察する必要があると思われる。しかし、この章での考察から、これらの性質は「持続性」などの、心理動詞の活動的動作性という時間的性質を否定するものではなく、心理的事象を表現する特性によるものであり、心理動詞は本来的に動作動詞との語彙的共通性を持つことは明確であると判断できるのである。また、中国語の心理動詞とも比較対照した結果、心理表現の習慣的相違も観察されたが、語彙の性質としては多くの共通点があることがわかった。

　今後の課題としては、知覚感覚的なもの、特に「生理動詞」の類型がまだ明確ではない点、テイル形の三人称主語文などの時間的性質に関して未解決である点、などが挙げられる。また、意味規定やアスペクト性を考えるうえで、動作動詞との類似と相違を一つの手がかりにしたが、外部からの心理状態の認知などには、不分明な部分も残されている。心理動詞の本質的な意味に迫るために、より詳細な個別の動詞研究を行い、そして、より多角的な文法現象をとらえて考察を進めていきたいと思う。前述の様に心理動詞の時間

的性質は動作動詞と多くの共通点があることがわかったが、心理的表現文には、外的動作文とは異なった固有の文法的振る舞いも観察された。これらは心理表現の特性とも言え、視点がらみの問題と関係していると思われる。そこで、次はこの視点という問題について章を改めて考察を加えたいと思う。

最後にこの章の結果を表13、14、15にまとめることとしたい。

表13：連用形接続用法と選択される動詞性の観察

	状態性	非限界性	心理動詞	持続性
付帯用法 CONTINUOUS	×	○	○	±
継起用法 CONTINUOUS （形容詞×）	×	×	×	±
因果用法 CONTINUOUS	○	○	◎[19]	±
並列用法 CONTINUOUS	○	○	○	±

表14：各動詞分類の主語の意味役割

〈動詞の種類〉 〈主語の意味役割〉

状態動詞　（Φ）──────────────→ Theme

外的動作動詞・非限界動詞──────→ Agent
（非変化動詞）（±CONTINUOUS）

外的動作動詞・限界動詞─────── Agent, Theme
（変化動詞）（±CONTINUOUS）

心理自動詞（±CONTINUOUS）────→ Agent, Experiencer
中国語心理自動詞（±CONTINUOUS）

心理他動詞（±CONTINUOUS）────→ Agent, Experiencer
中国語心理他動詞（±CONTINUOUS）

表15：心理動詞・擬態語動詞と外的動作動詞の性質の比較

	心理動詞の性質			外的動作動詞の性質		
	持続性の有無	意志性の有無		持続性の有無	意志性の有無
驚く型	−	−	非能格自動詞	+−	+−
悩む型	+	+−			
擬態語αタイプ	+−	−			
擬態語γタイプ	+−	−			
			擬態語βタイプ	+	+−
信じる型	+(−)	+(−)	他動詞	+(−)	+(−)

注

1) ここで扱う心理動詞は、工藤（1995）の内的運動動詞にほぼ匹敵するが、限界性がないものとして動作動詞（活動動詞）の分類に入るものとし、後述の一定基準内の心理的な活動を表す動詞全般を包括することとする。

2) 三原（2000）では、心理動詞（感覚動詞も含む）は限界性を持たない活動動詞として提唱され、非限界性についてのテストなどによって論証している。

3) この分類には属するが、「ひらめく、想いつく、失念する、分かる、勘違いする」など、偶発性を示唆するものは、意志性が低い。

4) 条件ⅰの場合を具体的に考察すると、話者に近い関係の誰かが、その様な心理状態であることを示す様なことを言ったり、嘆いたり、喜んでみせたりといった外見的な表出を、話者が見聞し、本人の心理状態を代弁して他者に報告するということであろう。また、ⅱの場合、話者と近い関係ではなくても、外見的に十分心理状態が感知されるほど顕著に兆候が認められる状態を意味する。これは前述の心理動詞の意味規定から本来は逸脱したものであ

るが、第三者の心理状態をテイル形で推量的な要素も含め表現している。これらは共に心理主体の心的活動を表現するというよりは心理状態を推量的に報告している文であると言え、周辺的心理動詞文としたいと思う。

5) Grimshaw (1990) では「fearが進行形be〜ingになれないのは状態動詞であるため」としているが、Endo and Zushi (1993) では「心理動詞のloveなどが進行形be〜ingになれないのは、主語の特質を示す固体述語であるから」とし、状態的性質のためではないとしている。

6) 三原 (2000) に自他動詞の区別に関して詳細な記述がある。直接受身になれるかどうかなど、いくつかのテストにより、「〜に」を項とする心理動詞の中から他動詞と認定できるものをあげている。「〜に」を項とする「飽きる、呆れる、感心する、同情する、ほれる」などが他動詞として挙げられているが、本研究でも他動詞であるとしたい。原因格より対象格として判断した方が妥当であると思われるからである。

7) 吉永 (1997a) では、瞬間的な心理動詞のテイル形解釈を結果残存と見なしていたが、その後の研究により、結果性の有無の点で心理動詞はいずれも結果性に乏しいことがわかった。時間的な瞬間性だけは金田一分類の第三種の動詞と近いが、結果残存性に関しては異なる点も多いので、時間的な瞬間性と結果性とを切り離して考えることとしたい。

8) 結果残存については後の「限界性」の記述で再度述べたいと思う。また、テイル形の「未完了の逆説」での考察については三原 (2000、2004) にも同様の見解が見られるが、「持続性」の点で見解の相違が見られる。

9) この「〜瞬間」については、心理活動の開始時点での瞬間を指しているのか、活動が終わった瞬間を指しているのかは、動詞の個別の意味によって異なると思われるが、「持続性」のある動詞では共起できないので、「持続性」の含意の強弱を調べる手がかりにはなると思われる。

10) 三原 (2004) では、これらの現象を「文末のモダリティ化」としている。

11) 影山 (1996) 等、由本 (2005) 等では語形成的考察から心理動詞の一部を非対格自動詞としている。吉永 (1998a、b、1999) ではA型心理自動詞を「能格動詞」としたが、その後の結果残存についての考察や限界性の考察の結果、「能格性」に関しては疑問の余地が多いと考え、この部分の記述を修正することとしたい。

12) これらの限界性の有無についてのテストは、三原 (2000、2004) を参考にした。

13) 「～かけのN」のテストは、Kishimoto（1996）、三原（2000、2004）を参考にした。
14) 刘月华他の『实用现代汉语语法』では心理動詞は状態動詞とされている。
15) 本節では典型的心理動詞の感情的動詞を対象とし思考・感覚的な動詞を除いている。
16) 母語話者のアンケート結果ではほぼ全員「他」が主語として許容されると答えた。
17) 神尾（2002）では、「「他头疼」（彼は頭が痛い）と「我头疼」（私は頭が痛い）の確信度の間にはほとんど差がない」という中国人共同研究者による談話的指摘が紹介されている。
18) ヲ格句の有無で自他の区別をし、直接受動文になるかについても考察した。
19) 心理表現文では、経験者主語や原因格などの視点的一致が必要であるが、連用形の因果用法においても、前後節での視点的統一が要求され、この点で整合性があるため多く選択されると思われるが詳細については次章で考察することとする。

第7章 心理表現文の「視点」について

1. はじめに

　前章では、心理動詞について、主に時間的性質の観点から外的運動動詞と比較し外的動作動詞と同類であることが判明したが、この章では、心理動詞文と外的動作文との視点の置かれ方の違いについて観察し、別の角度から考察したいと思う。

　一般に、心理動詞や心理形容詞などの心理述語文の場合、経験者主語に視点がおかれる場合が殆どであり、中でも「悲しい」「苦しい」などの主観的形容詞の視点は心理的な経験者主語のみに限定される。これらの特徴は人称制限などに現れていると思われるが、人称制限が起こる手がかりを考えるために、本章では心理動詞（形容詞も含む）表現での視点について、考察を加えたいと思う。そして心理動詞が特殊な動詞とされる原因の一つとなっている人称制限の原因を探り、動詞としての性質は動作動詞と変わらず、単に心理事象を表すという特性が特有の現象として現れているということを検証したい。以下、これらの心理動詞や心理形容詞、心理的名詞表現なども含め、心理的事象文を総称して心理表現文と呼ぶこととする。

　本章では、視点を反射して意味解釈を与えられる性質を持つものとして「自分」という成分を使って観察する。ここでは、視点を持つもの、つまり先行詞から反射された同一指標（意味解釈）が「自分」に付与されると考える。「自分」についての先行研究の多くは、主に統語的観点から主語先行詞条件をその代表的な文法的特徴とし、また英語の再帰形と異なり長距離束縛を許すという点で、他言語にも見られる単純形の照応形に匹敵するものと分

析されてきたが、本研究では、これらの統語的性質よりも更に本質的な性質を「視点の反射」であるとして、この成分を用いて観察することとする。この章での考察を始めるに当たり、はじめに先行研究をもとに分析し、また「自分」の文法的振る舞いについても例文を挙げて観察したいと思う。これらを踏まえ、心理表現文での視点の置かれ方の特徴を観察し心理世界の事象と物理世界の事象の表し方の相違について考察したい。また、日本語の心理表現文の特性を考察するため、中国語の対応成分「自己」についても考察を加えたい。

2. 視点と「自分」についての先行研究

　視点の分析においてより説得的であると思われるものに久野（1978）が挙げられる。この研究では、日本語の視点について詳細な分析を行っているが、「話し手は常に自分の視点をとらなければならず、自分より他人寄りの視点をとることができない。」と主張している。発話当事者の視点優位性を設定し、また、「共感度に矛盾がない」ことを要求している。

　話し手が登場しない叙述においては、話し手の視点がカメラアングルのように、文中の名詞句の指示対象に置かれるとされている。文中のあるひとつの名詞句の指示対象に視点が置かれ、その指示対象に話し手の感情が移入（共感）するとされている。また、視点は文意を決定する際に明確化されることが必要であるが、移動の余地があるときには視点は移動するという。

　また、柴谷（2000）では、事象の数だけ、その事象主体の視点があるとし、受動文などでの「自分」の解釈をめぐって、事象主体の視点の影響を受けることを論証している。一方、中川（1997）では、ひとつの文（複文も含む）ではひとつの視点が一貫してとられ、この一貫性は複文においては、主節と従属節のそれぞれで動詞によって視点が導入された時点でそれらが一致することを要求するとしている。三原（2002b）では、「自分」という文法成分について、従来の統語論的分析への問題を提起している。視点や心理表現文

などに関する考察から、「自分」は純粋な照応形であるとは言えず、視点を有する人物を先行詞とする成分であると特徴付け、特性とされてきた主語先行詞条件や長距離束縛も見直す必要があるとしている。

　本章ではこれらの議論を踏まえ、まず、複数の視点が存在する場合や先行詞が無い場合を設定して「自分」の意味解釈を観察し、解釈が多義的で先行詞束縛や主語先行詞条件などの統語的性質からの逸脱が起こることを見て、卓立した視点を反射するという本質的な特性について観察したい。次に心理表現文における「自分」の逆行束縛などの現象を観察し、「何らかの心理的内省的意味を含意する文」においては先行詞束縛や主語先行詞条件などの統語的性質からの逸脱が起こり、視点の置かれる名詞句が遠くに後置されても視点を反射できることを観察し、これらの心理表現文での振る舞い方から、心理世界と物理世界の事象表現の違いを観察したいと思う[1]。

3．「自分」の意味解釈についての観察

3.1　複数の視点での「自分」の意味解釈

　本節の記述はI.Howard and A.M.Niyekawa-H.（1976）での複数の「自分」の意味解釈についての議論を参考にした。

（1）　太郎iは花子jが自分i/j/kのオフィスで自分i/j/?kの仕事をしてくれる人kを探していると言った。（二つの「自分」は全て同一解釈）

（1）のような例文では複数の視点が考えられ「自分」は「太郎」「花子」「人」の三通りの意味解釈が可能である。更に、「自分」を一つにして、

（2）　太郎iは花子jが自分i/j/kのオフィスで（与えられた）仕事をしてくれる人kを探しているといった。

の様にすると、在宅従事者（出勤せず自宅オフィスで仕事をする人k）を募集しているという意味解釈も十分可能である。つまり、事象の視点が第三者である「人k」に移り、その読みで「自分」が解釈される可能性が生じる。つまり、「太郎が〜言った」「花子が〜探している」という二つの事象に加え、

第三の事象「(人が)～をしてくれる」も解釈が可能であることを意味する。特に会話や文中で直前に「在宅従事者」の話題が提示されている場合などは、視点解釈に影響をうけ、この読みが強くなると推測される。更に、太郎、花子の解釈を強くしている、「～してくれる」のようなダイクシス表現をとらず「～する」に修正すると、

  (3) 太郎 i は花子 j が自分*i/?j/k のオフィスで自分*i/?j/k の仕事をする
     人 k を探していると言った。(二つの「自分」は全て同一解釈)

のように、むしろ第三者の解釈が際立ってくるのが観察される。このような読みが可能であることは、「自分」の特性が従来考えられてきたような単純な統語性だけでは説明できないことを示唆している。そして、各事象主体の視点は、さまざまな要因で解釈の優劣が生じ、より卓立した解釈の視点が「自分」の意味解釈を優先決定すると考えられる。

 文主語が先行詞として「自分」に同一指標を付与している、つまり主語先行詞条件を満たした先行詞束縛現象（長距離束縛現象）を示しているものは、事象の視点をもつ主体が文主語である場合である。久野(1978)も指摘している様に文の主語や主題に優先的に視点が置かれることは一般的に無標であると言ってよいと思われる。しかし、実際には前述の例文の様に、目的語位置にある名詞句を「自分」の先行詞として意味解釈することもまれではなく、また、次に述べるように、先行詞の無い、つまり束縛関係の無い「自分」も多数存在する。

3.2　先行詞のない場合の「自分」の意味解釈

 文中に先行詞がなく主語として機能している「自分」を、主に会話文で観察することとする。

  (4) 「自分がまずやって確かめてみよう！」
  (5) 「(字が薄いので)自分が書いた字かどうか…」
  (6) 「これは自分が気に入ったから、買うのよ。」

 上例のような、日常多用される「自分」は、事象の主体である話し手の視

点が「自分」に反射され、文の主語として機能し、「話者」の視点で語っている用法が殆どである。これらの例文中の「自分」は、全て先行詞がなく、従って先行詞によるC統御関係を設定できない。例えばempty topic位置にゼロ代名詞を設定することなどは、束縛理論に違反するからである[2]。

（4）′ [e i] [自分 i が…]
　　　　A'位置…束縛不可

先行詞の不在は主語先行詞条件も否定し、さらに照応形としての性質も否定する。「自分」に意味解釈を与えているのは、その場面を支配する視点であり、直感的にその視点は共有され、「自分」に反射されると思われる。また、文脈で解釈される「自分」についても考察を加える。

(7)　結婚するために生きているのではないという姿勢が明確である。自分のためにエステに通ったりプロポーションを良くしたりするのであって、一人の男のためではない。(「女性が共感する女性像に変化」日経ビジネス)

(8)　医者も心配している。でも、自分の姿を見た人に元気を与えられる限り続けたい、と語った。(「アスリート列伝」高齢者のボディビルダー、朝日新聞)

(9)　「小説というものは人生的腕力で書くもの。みんなが好きなものが好きな人よりも自分の好きなもんでええ、と通した人が残るみたい。」(田辺聖子談、「ベストセラー作家放談」小説すばる)

(10)　互いの刺激で心を育て、自分を築く過程を共有してきた絆の強さと永遠を二人は知っているからだ。(「変身塾・ナルンダ国物語」朝日新聞)

(7)は、書き手が文脈の主題である「新しい女性像」の視点に立って語り、それが「自分」に反射している。(8)では、話者自身の視点が反射され、(9)では、「通した人」の視点が「自分」に反射し、話者はこの視点に立って語っている。(10)では、「自分」は「自我」とほぼ同義であり、この用法は視点とは無関係であると見なされる。「自分」にはこのような名詞的用法

もあり、先行詞を持たない用法の延長上に連なると判断される。以上のように、文章や談話文脈中の「自分」も、やはり、殆どが視点の影響を受けており、話者や書き手の視点が反射された、その文脈を支配する主題によって意味解釈される。これらの「自分」は更に、主語先行詞条件や先行詞束縛などの統語的性質から逸脱していると考えられる。

　従って、「自分」は必ずしも主語を先行詞とせず、また束縛されることが義務的ではないということが言え、事象や文脈内で「視点」を反射し、意味解釈される成分であると言える。この性質を確認して、心理表現文における「自分」を観察することとしたい。

3.3　心理表現文における「自分」の意味解釈

　心理表現文における「自分」を観察し、心理表現文の性質について考察を加えることとする[3]。

(11)　試合に自分iも参加できたことが彼女iに大きな喜びを与えた。

(12)　自分iの不注意から大惨事となってしまったため、そのときの記憶が彼iを永遠に苦しめているのです。

(13)　プロジェクトの成功に自分iが貢献できたことは、その後、宏iの大きな精神的な支えとなった。

　上例の様に何らかの心理的内省の意味を含意する文（ここでは心理表現文と総称する）においては、逆行束縛などの文法逸脱現象がより頻繁に見られる。このような文では、従来特徴とされてきた文法的性質が極めて希薄である。上の例文の先行詞を見ると、(11)(12)では、「彼女に」「彼を」は目的語であり、(13)の「宏の」も文主語ではなく、いずれも「自分」より後置され、主語先行詞条件や先行詞による束縛関係は全く満たしていない。なぜ、これらの文法規則から逸脱した構造をとる文が正文になるのかを、いくつかの共通した側面から考察する。

　これらの文の共通点のひとつは、視点を反射する視点主体が、経験者または経験者的な意味役割を持っていることである。視点を持つものが動作主で

第7章 心理表現文の「視点」について　157

あるならば、どのような文法性を示すだろうか。(11)を外的動作文に変えて「自分」の意味解釈を観察する。

(14)　＊自分iが開発チームに参加できたことが彼iに高収入と社内での地位を与えた。

上例のように、(13)と構造的には同じであっても文法性が非常に低くなる。また、(12)をEO型心理動詞文から動作文にすると、

(15)　??自分iの不注意から大量の情報が流出してしまったため、その落度によって彼iをA商事から解雇したのです。

のように不自然な感じが強い。同様に(13)を動作文にして文法性をみると、

(16)　＊そのプロジェクトで自分iが提案した企画が採択されたことが、宏iを昇進させた。

の様に、文法性が非常に低くなる。前述の様に「自分」は視点を反射する性質が本質的であるので、外的動作文でも同様に統語的規則を逸脱していても意味解釈を与えられ正文になるはずである。それにも関わらず文法性が非常に低いということは、視点反射の成立に何らかの要素が関わっていると言うことができる。(11)(12)(13)が、「自分」の統語的性質から全く逸脱しているにも関わらず許容されるのは、心理表現文では、心理主体（経験者）が支配的な視点を持つので、心理主体が統語的には目的語であっても名詞句内修飾語であっても優先的に「自分」に解釈が与えられるからではないだろうか。つまり、視点反射の成立には、視点を持つ主体が事象を認知・経験しているかどうかも関与しているということができるであろう。この「視点支配力」は、名詞句の意味役割では動作主、対象、起点、着点、原因などのどれよりも経験者Experiencerが視点を持つ場合に強くなると判断される。従って、主語ではない先行詞が後置され、しかも埋め込みがあるという様な複雑な構造においても視点を反射させることができると考えられるのである。このような、心理的表現特有の視点現象は日本語だけでなく、英語や中国語においても見ることができる。ここで、もう少し例文を観察することとする。

(17)　自分＊i/jが率先してやるべき仕事が、鈴木iに割り当てられたと田

中jは言った。

上の例では、鈴木、田中は共に経験者ではないが、田中が動作主語であるので、やはり目的語よりも視点の所在が明らかである。

(18)　自分i/?jが率先してやることを前提とする計画案が、鈴木iを苦しめていると田中jは言った。

(18)では、鈴木は目的語であっても経験者であるので、視点の所在が明らかであり、田中は主語であっても、経験者ではないので視点の所在が不鮮明である。また、先ほど述べた「視点支配力」は人称制限や指示表現などの文法現象にも関与していると思われる。つまり、経験者主語では、「視点支配力」が強いので、日本語の場合、外的動作文では話者は三人称主語文で表現できるが、心理表現文では三人称主語の場合には概言のモダリティ等が必須となる。

(19)　田中さんはご飯を三杯食べたよ。
(20)　＊田中さんは将来について不安だよ。
(21)　田中さんは将来について不安らしいよ。

心理表現文では三人称主語であっても経験者主語であるので「視点支配力」が強く卓立し、それを語る話者の視点より優先される。この場合、視点という概念には情報の所有権という要素も含意されると思われる。

神尾（2002）によると、「視点もしくは共感という現象は、一次元の尺度によって捉えられる。この意味において、なわ張りの諸現象と基盤を等しくしているのである。」と、視点となわ張りの類似性について述べられている。

そして、この「情報のなわ張り」の表現の仕方は、言語によって相違があるとして、心理述語文での三人称主語の場合の表現法を英語や中国語と比較し、日本語の特徴について述べている。つまり、これらの心理文の可否が日本語では文法・構文的問題になっているのに対し、英語や中国語では、その可否が語用論的であり、心理と行動を同じ文形で述べる言語と、心理と行動を構文的に区別する言語との違いをあげ、今後解明するべき問題であるとしている。一般的に見て、英語や中国語の心理文の言語表現法では、日本語の

表現法のように視点や主観をダイレクトに反映させないようである。

　この視点に関する言語表現の相違については、次節で中国語との比較において観察したいと思う。また、(11)(12)(13)のもうひとつの共通点として考えられるのは、「自分」に明確な解釈を与える視点が際立っていることであろう。(11)(12)(13)の主節主語が全て視点をもたない無生物であることも、視点を確定的にし、文法的許容度を高める原因となっていると判断される。例えば、(11)(13)では、「こと」が主節文の主語であり、(12)では、「記憶」が主語であるので、視点をもつ主体は消去法的に限定される[4]。また、これらの例文が因果的関係を持つことも関わっているかもしれない。第3章で触れた様に、前後で視点統一を必要とする因果文では、心理表現文の形をとると、視点の統一がより容易に起こりやすい。心理表現文では視点をもつものへの共感が強く、視点が卓立しやすいからである。以上の考察をまとめると概ね次のようになるであろう。

　「自分」を用いた文で、動作文では許容されにくい前置構造をとりながら、事象内容が「心理的内省的」であれば正文となるのは、視点を持つものが経験者Experiencer、または経験者的役割をもつということと関係する。経験者の視点は優先的に事象主体の視点と一致すると考えられ、心理表現文での特殊な文法現象は視点との関わりと密接に連動していることが判断される。心理表現文では、心理主体（経験者）の視点が絶対的に優先され、強い支配力をもつ。これは、心理表現文（心理世界）においては、動作動詞文（物理世界）では統語的に許容し難い構造をとる場合であっても、心理的視点が確立さえしていれば十分に正文となりうる、ということを意味している。この心理表現文での経験者主語の視点反射に関する優位性（視点支配力）は、心理表現文における人称制限の様な心理表現文特有の性質に関係があると判断される。

　この様に、視点支配力はいろいろな文法現象に現れていると思われるが、外的動作文との統語的な相違に影響しているものとして、次のような例も挙げられる。前述の様に「自分」は視点を反射するので、視点の卓立があいま

いである場合には多義的になる。そして、この性質は心理表現文でも外的動作文でも同様である。

(22) 太郎iは花子jに自分i/jの部屋で仕事をさせた。
(23) 太郎iは花子jに自分i/jの将来について考えて欲しいようだ。

しかし、以下の様な文型の「自分」の意味解釈については、心理表現文では許容されても動作文では許容されないという現象が見られる。

(24) 今度の失敗を、太郎iは自分i/j/kのせいだと思っていると花子jは思っているとヒロシkは思った。
(25) ??今度の失策を、太郎iが自分i/jkの不手際で引き起こしたと花子jは報告書を作成したとヒロシkは言った。

つまり、「～と判断している、思っている」などの引用節を従える心理述語[5]の場合、連鎖的にいくつもの埋め込み構造を許容でき、「自分」は離れて後置された名詞句からも視点反射できるが、外的動作動詞文ではこの様な構造は許容されない。この現象にも、経験者主語つまり心理主体には優先的に視点が置かれるという性質が関与していると思われる。心理述語の埋め込みの場合、経験者主語の視点支配力が強い、つまり視点統一力が強いので、節境界を視点反射という一致現象で越え、遠くの先行詞からの視点反射が許容されると思われる。しかし、これは直感的判断であり、詳しいメカニズムについては今後の研究課題としたい。

4．視点主体の条件に関する考察

これまでの考察により「自分」は、事象の主体、あるいは文脈の主題などの視点を反射して解釈を与えられる成分であることが判明した。主語先行詞条件・先行詞束縛などは表面的な現象であり、多くの場合、「自分」はこれらの性格を逸脱しており、主語以外でも選択され視点を介在した一致現象で繋がっているということがわかった。また、心理表現文では、「自分」は特殊な振る舞い方をすることも観察された。この節では、更に「視点」の主体

第7章 心理表現文の「視点」について　161

について少し考えたいと思う。はじめに、「自分」に解釈を与える視点主体は「生きている人」とする先行研究が多かったが、この制約について考察を加える。例えば、呼（2002）では、「主文の名詞句AをAを指して従属節Bに現れる「自分」はAがBによって表された動作・状態・出来事を意識している時にのみ文法的である」としており、久野（1978）でも同様の議論があり、以下の様な例文で示されている。

(26) ＊太郎は［自分を殺した男と］以前僕の家で会ったことがある。
　　　（久野1978）

確かに視点をもつ生物であることは重要であるが、「ヒト」に限定することは必ずしも重要ではない。心理表現文でも、視点を有する「ヒト」が「自分」の先行詞となることが殆どであるが、動物や昆虫などの生物が心理文での視点の主体となっている場合も見られる。しかし、視点を有する可能性のあるものということで、生物であることは必須条件であろう。

(27) ペットiの中には自分iが人間だと思っているものもいる。（「ペット」の擬人化）
(28) 同じ水槽に入れておくと、自分iの産んだ卵でも、金魚iは餌だと思って食べてしまう。

また、性や数の一致も解釈の要素として考えられる。

(29) 花子iは太郎jが自分i/*j,?jの赤いマニュキアを好きなのを知っている。
(30) 太郎iは花子jを自分*i/jの「夫」を軽蔑したことで嫌っている。
　　　（「妻」ならば「太郎」も可）

これらの例から、「自分」に解釈を与えるものは、性や数、その他視点の主体の個別条件（年齢・職業など）を満たす生物主体と考えられる。結論として「自分」は視点をもつ生物主体の反射成分であると見なされ、「ヒト」でない生物も視点の主体となりうる。

5．視点の確立と文法現象との関わりについて

　ここまでの考察から、心理動詞文をはじめとする心理表現文では、視点の置かれ方に特徴があることがわかった。複雑な構造をとる文では、外的動作文の場合は視点反射されにくいということが観察され、心理的要素が視点反射に関わっていることがわかった。これは、心理世界の事象と物理世界の事象の表現の差異によるものであり、これが心理表現文と外的動作動詞文の視点の置かれ方の相違となって現れているのであり、心理動詞と外的動作動詞という動詞としての性質、例えばアスペクト的性質などとは別のレベルでの現象である。従って、動詞のアスペクト的性格などによって視点の置かれ方に文法性の違いが表出することは殆どないと思われる。
　(31)　宏 i は淳一 j と自分i/*jの家の塀を壊した。(限界的（－CONTINUOUS))
　(32)　宏 i は淳一 j と自分i/*jの家の塀を塗っている。(継続的（＋CONTINUOUS))
例文のように、「宏」の視点の卓立には動詞のアスペクト的性格による違いは全く見られない6)。それでは、主語・目的語などの成分の文法的役割による文法性の違いについてはどうだろうか。
　(33)　彼 i は息子 j が自分i/jの車をぶつけたといった。
　(34)　彼 i は息子 j を自分i/?jの車に乗せたといった。
このように目的語のほうがやや文法性が落ちる。先行情報である文頭の主語（主題）のほうが視点の主体として選択されやすいということであろう。
　しかし、視点決定のメカニズムは、これまでの考察からわかるように、単複文や、主語・目的語などの統語的役割のみではなく、より複雑な決定要因が絡み合っていると思われる。これまでの考察で視点の確立に関わっていると思われる要素を抽出することとすると、前述の視点の主体としての「生物・性・数など」の条件を満たした上で、

①文脈・先行話題・予備知識・先入観・視覚聴覚などの情報
②文中に可能な他の視点がないこと
③事象主体が経験者または心理的内省的（心理表現文）であること
④ダイクシス
⑤主題・主語

のような要素によって決定されると思われる。このうち、①だけは認知的要素であり、①以外の②〜⑤は、統語的要素である。また、④⑤はどちらかというと表面的な文法的条件であるが、④については、文法性への関与が弱いものと、強いものの差異がみられる。これらの要素は単独ではなく相互に影響しあって最終的に視点が確立すると考えられる。これまでの考察結果から、①②③は、より影響力が強いと考えられるが、どの項目がより決定的かということについては今後の研究の課題である。

山梨（1999）では、「人間は自己を中心に環境としての外界を認知し、自己中心的に世界を意味付ける。この自己中心的な視点から見るならば、日常言語の主観的な意味の世界は、外界認知と関わる身体的経験や五感を中心にして発現してくる。」とし、外界認知と言葉の世界を関係づけているが、やはり①の外界からの情報は重要な要因であろう。特に3.2で見たような先行詞のない「自分」の意味解釈においては、先行する文脈や情報から推理して解釈が得られる。

また、日本語における話者の視点は英語・中国語などと比較し、「主観的・自己中心的」であると考えられる[7]。日本語では視点を持つ（主観的な）生物主体のみ「自分」に意味解釈を与えられるが中国語の対応成分「自己」は振る舞いがより客観的である。（後で再度述べることとする。）

(35) 门自己开了。（直訳：門が自分で開いた）

の様に視点をもたない「無生物」であっても生物と全く同様に意味解釈できるのである[8]。

6. ここまでのまとめ

　前章からの課題であった、物理世界と心理世界の事象表現の差異について、視点という概念を導入して考察した。「自分」という成分を用いて、一文で複数の「自分」が存在する時の意味解釈や、会話や文章中の先行詞がない「自分」、更に心理表現文での「自分」の意味解釈などを観察して、本質的性格である視点反射現象を考察した。この視点反射には視点支配力が関与し、経験者では視点支配力が強く、優先的に視点を決定することがわかった。また、視点を持つものとして、「生物・性・数など」の条件を満たしていることや、視点の確立について、認知的・統語的な要素が相互に関連しあっていることがわかった。心理表現文であるかどうかの他に、外界の情報などの認知的要因や、事象内での明確な視点の卓立などが重要な要因であることが判断されるが、要因相互の関係などの詳細な研究は今後の課題である。しかし、「自分」の文法的振る舞い方の観察により、前章からの課題であった、物理世界と心理世界の事象表現の差異について、何らかの手掛りを得ることができたと思う。心理動詞の特殊性の理由となる、視点がらみの現象や人称制限は心理世界の事象表現という事に由来し、本質的性質は動作動詞であると思われる。しかし、人称制限は日本語の特殊性とも関わっており、この点についても考察する必要があろう。

　更にこの問題について調べるため、中国語の対応成分「自己」とも比較対照し、考察を加えたいと思う。

7.「自己」と心理表現文

7.1 「自分」と「自己」

　前節で述べた様に、心理表現文では心理主体（経験者）が支配的な視点を持つので、心理主体が統語的には目的語であっても名詞句内修飾語であって

も優先的に「自分」に解釈が与えられた。つまり、視点反射の成立には視点を持つ主体が事象を認知・経験しているかどうかも関与しているということができ、この視点を持つ主体の「視点支配力」は、動作主Agentより経験者Experiencerが強いので、主語ではない先行詞が後置され、しかも埋め込みがあるという様な複雑な構造においても視点を反射させることができると考えた。

　また、この「視点支配力」は人称制限や指示表現などの文法現象にも関与し、心理表現文で三人称主語の場合に概言のモダリティ等が必須となることには、経験者主語の「視点支配力」が強いということと関係していると判断した。三人称主語の心理述語文などでは言語によって表現の違いがあるが、この節では日本語における視点認識の特徴について明らかにするために、「自分」に対応すると思われる中国語成分「自己」の文法的振る舞い方を観察し、相違点について考察したいと思う。

　先行研究では、中国語の「自己」も照応形とされ、統語的観点から主語先行詞条件や長距離束縛を許すという点[9]で「自分」と共通するとされてきた。

　しかし、これらだけでは正しく両者の本質を捉えているとは言えず、やはり視点との関わりが本質的な性質に関係していると思われる。

　前節では「自分」と視点の関わりについて考察したが、「自己」については、視点の問題についての先行研究は未だ稀少である[10]。本書では、中国語においても、事象主体の視点と「自己」の解釈が連動していることを観察し、従来提唱されてきた主語先行詞条件や長距離束縛（先行詞束縛）現象を見直し、「自己」も視点反射成分であると見なされること、また、やはり心理表現文において特徴的な振る舞い方をすることを述べたい。また「自分」と「自己」の個別的な特徴についても比較対照し、これらの相違点について考察したいと思う[11]。

7.2 「自己」の意味解釈についての観察

7.2.1 複数の視点での「自己」の意味解釈

「自己」も視点の移動により解釈が揺れることを、複数の「自己」の観察によって調べることとする。(「自己」の例文はI. Howard and A.M. Niyekawa-H.1976の例文を参考に中国語に置き換えたものである。)

(36) 太郎 i 说花子 j 找着(替自己 i 在自己 i 的房间做自己 i 的工作的人)。
　　　　言った　　　探している　代わりに　　　　　する・してくれる

最初の「自己」がiと解釈されると、二番目、三番目の「自己」もiと解釈される。花子では、

(37) 太郎 i 说花子 j 找着(替自己 j 在自己 j 的房间做自己 j 的工作的人)。

の様に(36)と同様統一解釈になる。混合解釈の可能性をみるため、二番目の「自己」の解釈を替えると、

(38) 太郎 i 说花子 j 找着(替自己 i 在自己*j 的房间做自己 i 的工作的人)。

(39) 太郎 i 说花子 j 找着(替自己 j 在自己*i 的房间做自己 j 的工作的人)。

いずれも混合解釈は難しい。(中国語話者では、少数が混合解釈を許容できると答えたが、ダイクシス表現「～してくれる」などの語感の両語の差異も影響していると思われる。)

この文は「太郎が～言った」「太郎说」という事象と「花子が～探している」「花子找着」という事象の二つの事象から成り、「自分の代わりに～をしてくれる人」(ここではすべて人に掛かる説明部分と解釈)は「探している」「找着」の事象と、「言った」「说」の事象両者に組み込まれる。この時事象の主体の解釈の強弱により視点の移動が起こり、太郎に視点が置かれると「自己」の解釈は太郎になり、花子に視点が置かれると解釈は花子に傾く。(三原2002b、柴谷2000参照)しかし、視点の確保がないと文意が不明確なので、(38)(39)のような不安定な解釈は排除されると考えられる。「自分の代わりに」(替自己)の部分を「自分のオフィスで自分の仕事をしてくれる

第7章 心理表現文の「視点」について　167

人」（在自己的房間做自己的工作的人）と切り離して解釈すると、
　(40)　太郎说花子找着替太郎［在花子的房間做花子的工作的人］。
　　　　（花子が太郎の代わりに［花子のオフィスで花子の仕事をしてくれ
　　　　る人を］探している。）
という混合解釈が可能となるが、副詞成分の係り方の違いにより「自己」の
解釈に変化が起きただけで、視点の移動とは別の現象であると見なされる。
　また、太郎、花子の読みを強くしていると思われる「自分の代わりに」
（替自己）をとると、視点がさらに移動する。
　(41)　太郎ⅰ说花子ｊ找着（在自己i/j/kの房間做自己i/j/kの工作的人k）。
　(41)′　太郎ⅰは花子ｊが（自分i/j/kのオフィスで自分i/j/kの仕事をして
　　　　くれる人k）を探していると言った。（二つの「自己」「自分」は統
　　　　一解釈）[12]
　このように、在宅従事者（出勤せず自宅オフィスで仕事をする人k）を募
集しているという意味、つまり、事象の視点が第三者である人kに移り、そ
の読みで「自分」「自己」が解釈される可能性が生じる。
　しかし、「自分」の解釈とは違い、中国語話者では特に第三者の解釈が強
いという傾向が見られ、対応成分「自己」は完全に同じ振る舞い方をするわ
けではない。しかしながら、このような読みが可能であることは、やはり
「自己」の特性が従来考えられてきたような単純な統語性だけでは説明でき
ないことを示唆している。また、主語を先行詞としない例文を更に観察する。
　(42)　（太郎ⅰ的儿子ｊ的汽车）被自己i/jの朋友弄坏了[13]。
　(42)′　（太郎ⅰの息子ｊの車）は自分*i, ??i/jの友人に壊された。
　これらは共に主語先行詞条件を逸脱している。文構造上の主語は「汽车」
「車」であり、先行詞にはなり得ない。これらの観察から、各事象主体の視
点はさまざまな要因で解釈の優劣が生じ、より強い解釈の視点が反射的に
「自己」の解釈を優先決定すると考えられる。(36)(37)のみを見ると、各事
象の動作主主語が先行詞として「自己」に同一指標を付与している、つまり
主語先行詞条件を満たした先行詞束縛現象（長距離束縛現象）のように一見

見えるが、これらは事象の視点を持つ主体が主語であっただけで、これらの現象のみで「自分」「自己」の主語先行詞条件や、先行詞束縛の証拠とすることは的確ではないだろう。(41)(41)′(42)(42)′のように事象の視点を持つ、文主語ではない成分を解釈選択することも可能であるからである。

次に心理表現文での「自己」について考察したい。

7.2.2 心理表現文における「自己」の意味解釈

次に、心理表現文での「自己」の意味解釈について調べたいと思う。

日本語では、統語的な条件を満たしていない時、例えば「自分」の視点主体が埋め込み内の要素である、または離れて後置されているなどの場合、「自分」の視点主体がExperiencerなどの心理的・内省的要素であることが文法的に許容されることと深く関係していた。それでは「自己」ではどのような現象が見られるだろうか。前述の例文を参考にして観察する。

(43) 自分iも試合に参加できたことが彼iに大きな喜びを与えた。(≒(11))

「彼」は目的語であるにも関わらず、喜びを享受する心理的な主体として「自分」の視点となるが、動作的な内容の文に替えると視点が確保できず文法性が落ちる。

(44) ??自分iも新企画に参加できたことが彼iに高収入と高い地位を与えた。(=(14))

このように、先行詞が後置された文では、動作的な文よりも心理的な文のほうが「自分」の意味解釈が容易であった。「自己」でも同様の例文で観察すると、

(43)′ 自己i也能参加比赛的事情给他i很大的欢喜。((44)の中国語文は省略する。)

(自分iも試合に参加できたことが彼iに大きな喜びを与えた。)

の様に、「自己」でも心理表現文では許容度が高い傾向があり、動作的な文ではやはり不自然であるという。(韓国語話者も同様の文法性判断をした。)

しかし、中国語では、

(45) 自己i/j也能参加比赛的事情给他i很大的欢喜。j＝私（＝(43)′）
（自分i/jも試合に参加できたことが彼iに大きな喜びを与えた。j＝私）

のように、「自己」は「他（彼）」だけではなく、「私」という全く文外の話者の視点によって意味解釈を与えられることができる。中国語では文中の視点から離れて、文外の視点を反射することも可能であり、「自己」は「自分」よりも広い範囲の視点を反射するという。「自分」は文中の視点の強い感情移入によって、意味解釈を与えられ、その視点で語られるが、5.で述べた様に「自己」はより客観的で自由な視点で語られる。7.3.1で挙げた複数の「自己」の意味解釈でも見られたように、中国語では視点が広範囲にわたり選択され、且つ視点が移動しやすい傾向がある。一般的に日本語における話者の視点は英語・中国語などに比べ主観的である。独語（独り言）の表現形式を各語で比較した結果、英語や中国語は視点が話者から離れて存在し自分自身を客観化して表現する傾向があるが、日本語では話者の心理内に視点を固定し、強く感情移入し、それが「自分」の視点となる[14]。この視点の置かれ方の違いについては後述したいと思う。

また、長距離束縛現象などの統語分析でよく引用される、

(46) 張三i认为［李四j知道［王五k喜欢自己i/j/k］］。
（王五kは自分i/j/kが好きなことを李四jは知っていると張三iは思っている。）

では、動詞がすべて心理述語であり、これらの心理表現文での視点反射が特殊な振る舞い方をすることは前述の通りである。すなわち、この様な心理表現文では視点の所有者は心理述語主語と優先的に一致するので節境界を越えて一番遠い名詞句からも意味解釈を与えられる、つまり視点反射されるのである。これを外的動作文に置き換えると、やはりすべての指標では成立しないという。また、ネイティブ・チェックの結果、この例文でも(45)と同様、「自己」に「私」という話者の視点を与えることも可能であると言う。この

節での考察の結果、心理表現文では「自己」も特殊な振る舞い方をすることが明確になった。心理世界での事象を表現する場合、中国語でも経験者名詞句の視点は強く、動作主主語などよりも優先的に視点反射を行うということが言える。この現象は言語一般に見られる傾向があると思われるが、その表れ方については言語によって相違する。心理述語文などの人称制限に見られる日本語の特徴は、この相違によるものであると考えられる。また、「自分」に比べ「自己」の視点反射の範囲がより広いということも判明したが、この点では中国語と日本語の視点の置かれ方が異なっているということが言えるであろう。次に「自己」の意味解釈と視点の関係について、少し考察を加えたいと思う。

7.3 「自己」の意味解釈と視点との関係

　「自己」の意味解釈と視点の関係については、説得的な先行研究が少ない様に思われるが、更に統語的観点から考察を加えることとしたい。

　　(47)　＊小王 i 要求小王 i 很认真。
　　　　　　王さん　　　　王さん　　　一生懸命

上例は「王さんは王さんを一生懸命でなければならないと思っている」という邦文に匹敵するが、これを次頁樹形図13で表すこととする。

　上のような例文が非文になるのは、指標 i を付けた「王さん（小王）」が同一ドメイン内にあり、上位の「王さん（小王）」に束縛されてしまうことになり、「固有名詞は束縛されてはいけない」という束縛原理に違反している、という理由で従来説明され、また「自分」や「自己」という束縛されなくてはならない「照応形」を必要とする理由ともなってきたが、この現象については「視点」による説明も可能であろう。「王さん」「小王」という視点がひとつの単純な事象内で確立されているから、もうひとつの視点を持つ要素は、排除される、と考えることもできる。特に、「思っている」「要求」という心理述語の場合経験者主語の視点支配力が強いので「自己」という視点との一致成分を用いて表現するほうが、視点が卓立しやすく、文法性が高く

図13

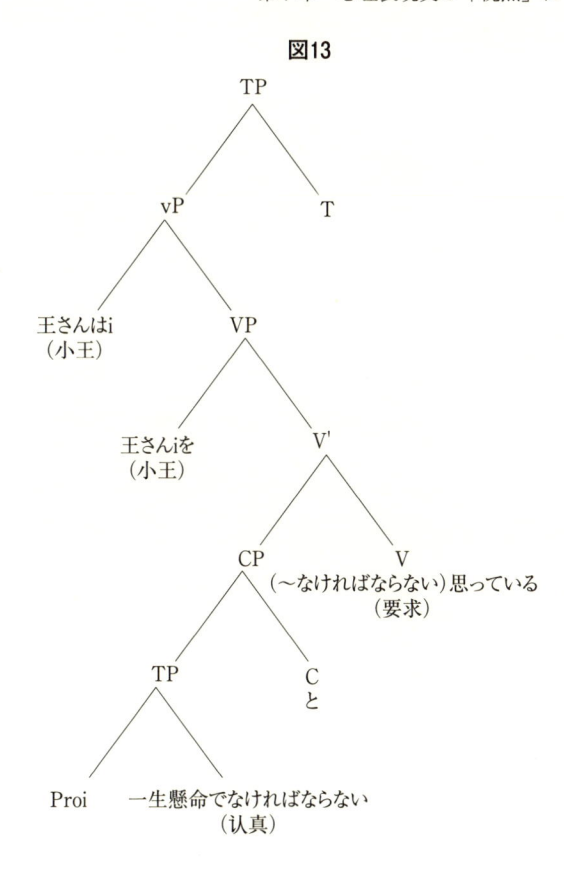

```
                    TP
                   /  \
                 vP    T
                /  \
           王さんはi   VP
           （小王）  /  \
                王さんiを  V'
                （小王） /  \
                      CP    V
                     /  \  （～なければならない）思っている
                    TP   C      （要求）
                   /  \  と
                  Proi  一生懸命でなければならない
                           （认真）
```

なると判断されるのである。「自己」を用いて正文となった場合を樹形図14（次頁）で表すこととする。

　文中に複数の視点が混在するとき、より高い卓立性のあるものが「自己」の意味解釈を与えると考えられるが、どのように文法性と関わっているだろうか。単複文などの例文で、視点が確立されるときの構造的制約を観察することとしたい。

　まず、並列的な複文構造をとる文を考える。

(48)　小李 i 一边倒茶，<u>小张 j 一边搞自己*i/j的工作</u>。

図14

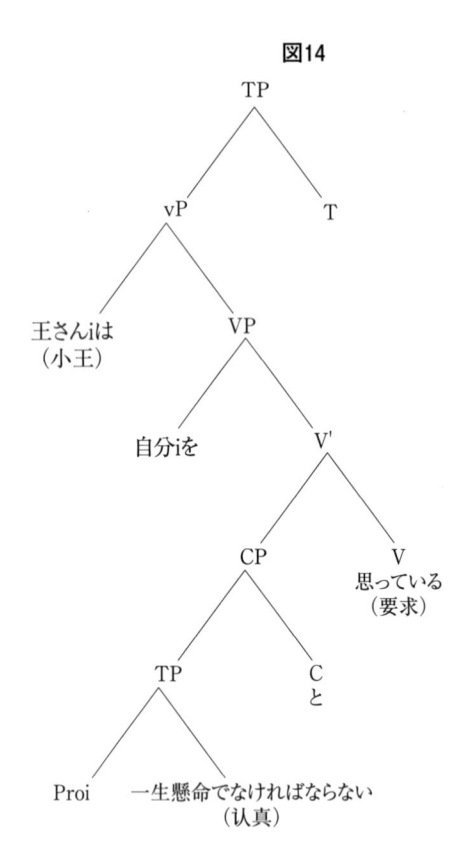

```
              TP
             /  \
           vP    T
          /  \
    王さんiは   VP
    （小王）   /  \
          自分iを  V'
                /  \
              CP    V
             /  \   思っている
           TP   C   （要求）
          /  \  と
       Proi  一生懸命でなければならない
              （认真）
```

　　　（李さんiはお茶を入れ、張jさんは自分*i/jの仕事をした。）
(49)　妈妈i一边做饭，我j一边讲自己*i/j的问题。
　　　（お母さんiはご飯の支度をして、私jは自分*i/jのことについて話した。）

上例のように、異主語の並列文では、文境界を越えて「自己」に解釈が与えられることは許容されない。しかし、同主語の従属文では、許容度が上がる。

(50)　为了不弄脏自己i的鞋，春红i小心的慢慢的走过来了泥路。
　　　（自分iの靴が汚れないよう、春紅iは注意してゆっくり泥道を

第7章 心理表現文の「視点」について　173

やって来た。）

「自己」に解釈が与えられやすいのは、やはり主語が単独であり、視点が卓立しやすい単文であることが直感的に判断される[15]。視点の卓立は「自己」の解釈にも大きく影響していることが言えるであろう。

以上、「自己」の意味解釈と視点との関係について考察したが、次に視点の確立と文法現象との関わりについて考察したい。

7.4　視点の確立と文法現象との関わりについて

(51)　泉水自己喷了出来。

　　　（独りでに噴き出た（＊自分で噴き出た）。）

上例では、「自己」が「自分」と異なり、無生物をも反射しうることを示す。つまり、視点を持つものが生物でなければならない「自分」よりも、客観的な視点で反射しているといえる。これは例文(35)でも述べた通りである。しかし、「自己」でも視点を反射するには性や数その他の条件を満たしていることは必要である。

(52)　花子i知道太郎j喜欢自己i/*j的红色的高跟鞋。

　　　（花子iは知っている。太郎jが自分i/*jの赤いハイヒールが好き。）

(53)　学生门i听说教授j在生协订了|学生门的＊自己的|教科书。

　　　（学生達iは聞いた。教授jが自分達i/*jのテキストを注文したと。）

上述の例文の対比から、「自己」「自分」に解釈を与えるものは、性や数、その他視点の主体の個別条件を満たす必要があるのは同様であるが、「自己」については、無生物でも視点反射され、主観的視点をもつ生物のみ許容される「自分」に比べ、より客観的な視点を選択しうることが観察される。

しかし、「自己」の意味解釈においても視点の確立に複数の決定要因が複雑に絡み合って最終的に視点が決定されると判断される。

「自分」の考察結果も踏まえ主な決定要因を挙げると、上述の性・数などの視点主体の個別条件に合致した上で、前述の条件①〜⑤が再び挙げられるであろう。

①文脈・先行話題・予備知識・先入観・視覚聴覚などの情報
②文中に可能な他の視点がないこと
③事象主体が経験者または心理的内省的（心理表現文）であること
④ダイクシス
⑤主題・主語

((48)(49)(50)で観察した並列文と単文の視点の卓立の相違は②に収束する。)

　これらの要因を比較対照すると、「自己」でも①②③はより決定的な要因であると思われる。しかし、④ダイクシスによる視点決定への影響は、「自分」よりも「自己」のほうが緩やかであると判断される。中国語では授受表現が「給」という授受両義の動詞によって表されることが多く、前後の文脈で判断することも多い。日本語の「やりもらい表現」における決定的な人称選択や視点移動のシステムとは異なった文法的振る舞い方を呈するからである。④に関しては「自分」のほうがより制約が強いといえるであろう。⑤主題・主語であることの視点決定への影響については、前述のように日中語共に視点主体として他の成分より選択されやすいという傾向はあるが、決定的要因ではなく、①②③との関係性によって影響を受ける。(41)で見た様に、より影響力の強い現場情報や前後の文脈により、容易に視点が移動する。

8．この章のまとめ

　物理世界と心理世界の事象表現の差異について、視点という概念を導入して考察した。「自分」という成分を用いて、一文で複数の「自分」が存在する時の意味解釈や、会話や文章中の先行詞がない「自分」、更に心理表現文での「自分」の意味解釈などを観察し、本質的性格である視点反射現象を調べたが、この視点反射には視点支配力が関与し、経験者名詞句では視点支配力が強く、優先的に視点を反射することがわかった。また、視点を持つものとしては、「生物・性・数など」の条件を満たしていること、視点の確立に

ついては、心理表現文であるかどうかの他に認知的・統語的な要素が相互に関連しあっていることがわかった。しかし、要因相互の関係などの詳細な研究は今後の課題である。

　更に、この問題について研究するため、中国語の対応成分「自己」とも対照し考察を加えた。その結果、「自己」の場合にも、視点反射には視点支配力が関与し、経験者名詞句では視点支配力が強く、優先的に視点を反射することがわかった。また、同様に視点の確立については、心理表現文であるかどうかの他に認知的・統語的な要素が相互に関連しあっていることがわかった。

　「自分」「自己」の文法的振る舞い方の観察により、前章からの課題であった、物理世界と心理世界の事象表現の差異について、何らかの手掛かりを得ることができたと思う。つまり、心理世界の事象では、経験者視点が最優先であり、この優位性は言語一般的に共通であるが、その表現法は言語によって異なっている。日本語の人称制限などの現象もこれに類する。また、「自己」の観察ではより広い範囲の名詞句から意味解釈を与えられることがわかった。この点において、中国語では視点の置かれ方が客観的であるということが言える。これらの人称制限や視点反射の仕方などの文法的振る舞い方の相違は、主に日本語の視点の主観性に起因すると思われる。心理動詞の特殊性とされた人称制限や特異な視点反射は心理事象を表現するという特性に由来し、動詞自体の性質つまり動作動詞性は中国語をも含め揺るがないものである。しかし、人称制限に見られる日本語の特殊性はやはり日本語の事象認知と関わると思われる。

　次にこれらの事象認知の日中差について、章を改めて調べてみたいと思う。

注
1) 「自分自身」は「自分」とはまた異なった文法的振る舞いを見せるが、本研究では単純形の「自分」のみを考察の対象とする。また、「自己責任」「自己防衛」「自己犠牲」などの「自分」を含意する語彙の考察も今後の課題と

する。
2） 三原（2002b）では、空主題が生起するのはA'位置であり、束縛理論の対象となるのはA位置にある要素でなければならないとして、このような解決策は妥当ではないとしている。筆者の判断では視点の主体を決定するのは「コントローラー」のような素性を持つ心理主体と思われるが、本研究では取り上げず、今後の研究課題としたい。
3） 久野（1978）、三原（2002b）、McCawley（1976）の例文を参考にした。
4） 視点の卓立性は、文法性に大きく関与している。「［鈴木教授 i が教授会で提案した新学科構想］は、自分 i が学科主任になり、新学科を統率することを条件としていた。」など束縛理論で説明できない構造の文においても「自分」が意味解釈され主節主語が「構想」であり、視点がないので、文頭の「鈴木教授」の視点の卓立が起こり、強力に意味解釈されると考えられる。
5） この文型は「〜とTが言っていたとHが言ったとKが話した」など、感情だけではなく報告・伝達などの情報管理に関する述語文でも成立するが、視点を介在して意味解釈が与えられる文であるという点で共通している。
6） 動詞の性質の中でも、意志性の有無などは視点反射に関与し、また受動文や使役文、授受文などのダイクシス表現文にすると、視点反射と大きく関わってくると思われる。
7） 吉永（2003）「事象認知の日中対照」による。独語の人称選択について、日本語・中国語・英語で比較した。
8） 吉永（2004a）「「自分」と「自己ziji」」による。「自分」と中国語の対応成分である「自己」の性質を比較した。
9） 張三 i 认为［李四 j 知道［王五 k 喜欢自己i/j/k］］。（王五は自分が好きなことを李四は知っていると張三は思っている。）などの例文により主語先行詞条件や長距離束縛の現象が主張された。
10） 刘月华（1996）では、「人について使われるときは殆ど本人であり、また、主語のときが殆どである。」という記述があるが、本人以外を指す場合も多く、主語でない場合も多い。
11） 「他自己」（自分自身）などの研究は今後の課題である。「自个儿」などの口語表現は考察の対象から除いた。また、「自己」には「自分」にはない固有の用法があり、「他们很自己」のように「親しい」という形容詞用法や、また、公式の挨拶のように改まった表現で、「わたくし」の意味で使用されるなどの用法が見られる。

12) ネイティブ・チェックの結果、日本人話者では、「自分の仕事」を「与えられた仕事」に修正すると第三者の読みが許容できるというレベルと「自分の仕事」のままで許容できるというレベルに分かれたが、中国語話者では、修正しなくても第三者の読みが強い、という話者が殆どであった。また「太郎说」のあとで、コロンがあると解釈した話者は「自己」の解釈が花子に傾くと報告している。「在自己的房间」は第三者の部屋で、ととる話者が多く、「替自己」をとると、ほぼ全員が第三者で二つの「自己」を解釈できると答えた。
13) 中国語話者の約半数が「太郎」で解釈し、残り半数が「儿子」で解釈した。
14) 吉永（2003）「事象認知の日中対照」を一部抜粋した。また、ネイティブ・チェックの結果、韓国語の対応成分は心理文などでの文法的振る舞いは「自分」と似ているが、日本語ほど強い感情移入を示さない傾向があることが観察された。
15) 「自己」を数名の話者が「私」と捉え、「私の靴を汚さないように春紅が（気を使って）注意して」と解釈した。

第8章　事象認知の日中対照

1．事象認知の日中語での相違について

　前章での考察から、日本語では視点の置かれ方が主観的で中国語では視点の置かれ方が客観的であるということが推測された。この章ではこれらの文法現象を心理（感情）表現の人称、独語表現の人称などの日中語での表現法の相違点について比較観察し、その違いについて調べたいと思う。

　日本語と中国語の言語現象における様々な相違は、語彙的・文法的に観察されるところであるが、事象認知の違いも、統語論的・語用論的な問題と深く関わっていると考えられる。前章までで述べた様に心理動詞自体は外的動作動詞と時間的性質その他の点で変わりが無い。しかし心理世界での事象を表現する時、物理世界の事象の表現とは視点の置かれ方などの点で相違がある。心理世界では経験者主語が優先的に視点を決定する。これは、言語一般で共通すると思われるが、日本語の場合、心理表現文に特有の表現的特徴があり、これは人称制限などに代表される。人称に関して、統語的制限は日本語特有のものであり他言語では語用論的制限となる場合が多い。この相異には、事象の認識の仕方が関係していると思われる。簡単に言って、中国語の事象認知は局面的であり、そして日本語のそれは包括的であると言える。また、中国語では視点は客観的で移動しやすく、日本語では主観的固定的であると思われる。日中語の事象認知の差についての考察は、多様な言語表現の相違の要因として興味深く、二言語の本質的な相違を明らかにするための有力な手がかりとなると考えられる。

　また、この考察によって、心理動詞の文法的性質の特殊性は心理世界の事

象を表現するという性質に由来し、時間的性質など本質的な動詞的性質は動作動詞と変わらないという事、また人称制限などの日本語特有の心理表現の特質は日本語の事象認知の特質と関わっており、やはり本質的な動詞的性質とは関係のないものであるという事を確認したい。

2．心理（感情）表現の人称

日本語では、心理（感情）表現において非常に強い人称制限があり、特定の文脈がない限り、述語が動詞・形容詞の終止形のときは、心理活動や感情変化の主体には一人称しか選択されない。二人称、三人称の主語をとる場合は、いずれも「～そうだ」「～がっている」などの文末形式の付加が必要となり、この観点では、一人称以外の区別はない。つまり、「自分」と「自分以外」の対立であるといえる。この対立を以下の例文で示す。

（1）　a．私は悲しい。　　　　（一人称）
　　　b．＊あなたは悲しい。　　（二人称）
　　　c．＊彼は悲しい。　　　　（三人称）
（2）　a．＊私は悲しそうだ。　　（一人称）
　　　b．あなたは悲しそうだ。　（二人称）
　　　c．彼は悲しそうだ。　　　（三人称）

中国語の心理表現においては、人称制限は日本語のようには厳しくなく、一人称が通常主語として選択されるが、状況によっては三人称主語をとる場合も多い[1]。（二人称主語は「～吧」（～でしょう）などの語気助詞が後置されてよく用いられる。）

心理表現文で、日本語における話者の視点は英語・中国語などと比較して、かなり「自己中心的」つまり、主観性が強いと考えられる[2]。二人称や三人称主語では、主観的な心理表現が不可能であるので、推量形などを付加しなければならない。以下に心理表現文の対比を示す。

（3）　a．我很伤心。

　　　　b．悲しいんだ。
（4）　a．我很高兴。
　　　　b．とってもうれしい。
（5）　a．他很伤心。
　　　　b．＊彼は悲しい。
（6）　a．他很高兴。
　　　　b．＊彼はうれしい。
（7）　a．你很伤心吧。
　　　　b．（あなたは）悲しいでしょう。
（8）　a．你很高兴吧。
　　　　b．（あなたは）うれしいでしょう。

日本語では自分以外の人の気持ちに関して断定的表現をとらないという自他の強い区別があるのに対し、中国語では、一度自分の外に視点を移し各人称に応じてそれぞれの心理状況を客観的に観察し述べることができると考えられる。神尾（2002）では、中国人話者の発話を例に挙げ、

　（9）　他头疼。（彼は頭が痛い）
　（10）　我头疼。（私は頭が痛い）

の二文で話者の確信度にほとんど差がないというエピソードを挙げているが、この例により、客観的な情報の認識度と主観的な確信の度合いとを明確に区別する必要があると述べている。この様に、中国語では心理表現文で三人称主語をとることが日本語よりは頻繁に起こるが、日本語では一人称主語の主観的確信は他と絶対的に区別される。そして、この主観的確信、つまり、心理表現文での経験者主語の視点の優先性は卓立的であり、この認知的特性は統語現象にも反映されるが、中国語では客観的な情報把握との相違や、一人称以外の経験者主語との相違が言語表現に現れない。この点で、表現の習慣の相違のみならず、言語話者の事象認知の仕方にも相違が見られると思われる。

　日本語話者では「自分の主観」は「自分の認知領域」であり、他者の領域

とは絶対的に区画される必要があるように思われる。例えば、指示表現「これ・それ・あれ」の対立も、「自分」と「相手」の認知領域とそれ以外の領域で区画され、一般的に「ウチ・ソト」の対立とされる授受表現や敬語表現にも同様の区画が表現されている。中国語で自分を客観視して述べる傾向は、次に挙げる独語の表現でも観察される特徴である。

3．独語の人称

　日本語で独語（独り言）を言うとき、主語を補うとすれば、ほぼすべての場合一人称主語をとるであろうことは直感的に判断できる。
　独語（独り言）の表現形式を各語で比較した結果、英語や中国語では視点が話者から一歩離れたところから「自分」を客観化して表現する傾向があるが、日本語では話者の心理内に視点があり、同時にそれが「自分」の視点でもある。独り言について、ここで対象とするものは、自分でも意識せずに自然に心の底から湧いてくるような独り言であり、「何やってるんだ。」と自分で自分に問いかけて非難するようなものは対象外とする。
　また、聞き手を想定して聞き手に向かって発話するのではなく、自分で自分に対して、心の中で（多くの場合小声でまたは発声せずに）言う場合に限定することとする。典型的な独り言として、次のようなものを例として挙げることができるであろう。
　　(11)　次はがんばろう。
　　(12)　びっくりした！
　　(13)　がっかり！
　　(14)　がまんできない！
　　(15)　信じられない！
(11)～(15)の主語を補うとすれば、やはり全て一人称であろう。
　それでは、中国語で独語するとき、何人称が選択されるであろうか[3]。
　　(11)′　下次再努力吧。

　　　　下回加油吧。
(12)′　吓死我了！
　　　　吓人一跳！
(13)′　真失望！
　　　　真叫人失望！
(14)′　真受不了！
　　　　忍无可忍！
(15)′　简直不能相信！
　　　　难以相信！4)

　人称という観点から日中語を比較すると、日本語との一番大きな違いは(12)′(13)′などで、「人」という自己を客観視した表現が多いことである。「人を～させる」という使役形で、他の心理表現にも多用される。「人」とはいったい誰をさすのか、解釈は様々である。「私」なのか、「一般的な不特定の人」なのか、文脈によって解釈は揺れる。このように、感情主体が何人称であるかわからない、つまり、例文(11)～(15)のような「私が～と思う」という日本語の形式にあてはまらない表現形式をとるのも中国語の特徴といえるだろう。

　また、(11)′では、「動詞＋吧」という普通の文脈では二人称主語文となり、聞き手の状況を話し手が述べる場合や、命令文、または自分も含め聞き手に動作を促す場合、勧誘文などに用いられる形式が多く見られた。「がんばろう」という意向形は、独語の場合、自分自身に向かって自分の意向を表明するという意味であり、もう一人の自分に向かって、「私たち、がんばりましょう」と勧誘するというような意味ではない。また、もう一人の自分が自分に向かって、「次回あなたはもっとがんばりなさい」と命令的にいう意味でもない。

　(14)′(15)′では、日本語の例文が「がまんする」「信じる」など動作動詞に近い心理動詞の可能の否定形であることと関係があると思われるが、殆どが一人称主語の動詞表現であった。

しかし、(11)′ (12)′ (13)′ では単純に一人称と解釈できない人称選択が観察され、中国語では自分の意向や心理状態を表現するときでも自分の外に視点を移し、自分を客観視して表現するという方法がとられる場合が多い。

　それに対し、日本語では自分の心理世界の内側だけに視点を固定し、内側からだけの発話方法をとる傾向があり、これは心理主体が一人称だけで表されるという言語現象に反映されている。これまでに観察された、日中語の人称選択の相違、独語での視点の違いを図示すると次のようになるだろう。

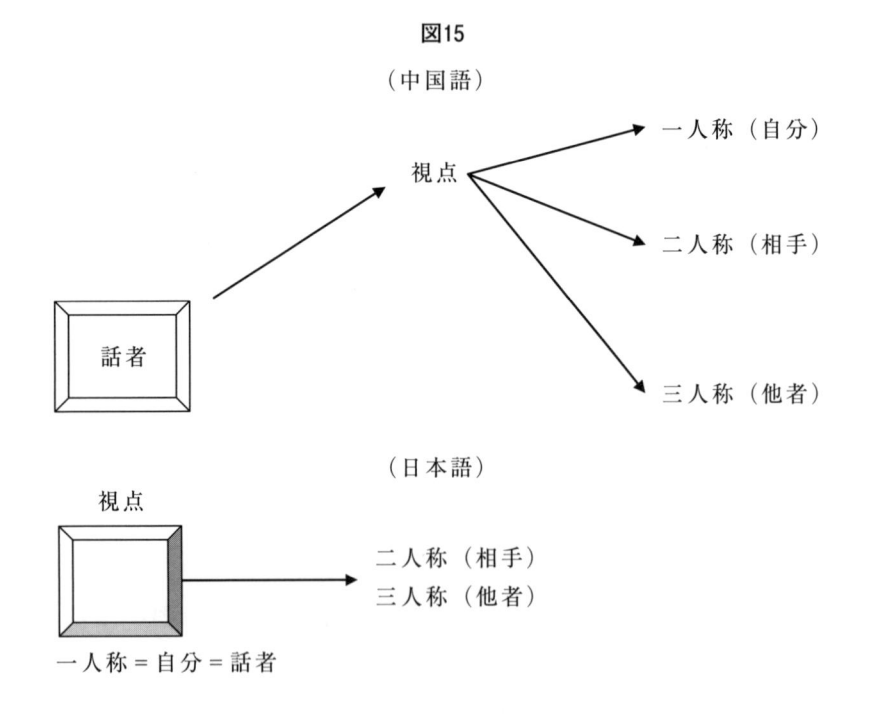

図15

（中国語）

話者 → 視点 →　一人称（自分）
　　　　　　 →　二人称（相手）
　　　　　　 →　三人称（他者）

（日本語）

視点
　□ → 二人称（相手）
　　　 三人称（他者）
一人称＝自分＝話者

　図15のように、中国語では、視点が一度外に出て自己を客観視し、そのうえで事象を把握し、状況に応じて人称を適切に選んで表現するので、各人称がほぼ自由に選択される。それに対し、日本語では自己の内面世界の内側にある視点から事象を認知し、自己に対する他者ということで統一された外界を固定的な視点から表現するので、人称に制約がある。心理表現文では経験

者主語の視点が優先的であったが、日本語では特に視点・共感の所在を言語現象で明確にしなければならないという性質があるのであろう。

また、英語では、どちらかというと中国語に近い人称選択が観察されると思われる。心理（感情）表現では話者との距離に応じて、二人称、三人称が選択可能であり、英語インフォーマントの回答では、「次はがんばろう」には二人称主語文（命令文）が多かった。また、「がっかり！」には、"I am disappointed！"などの受身文が多かった。対して、韓国語話者では、独語で「がっかり！」に対応する表現が少ないという回答があり、独語の言語現象にそれぞれの視点の置き方の違いによる人称選択の相違が観察された。

以上、日本語・中国語の視点の置き方の違いを中心に考察したが、なぜ、このような視点の置き方の相違がおこるのだろうか。

4．事象認知の相違

ここで事象認知というのは、もの・こと・さまを判別し認識するという意味である。この観点から、前節で述べた日本語・中国語の言語表現の相違を引き起こす要因について考えたい。視点の置き方は事象をどう認知するかということと関わっていると思われるからである。そして、これらの相違が人称制限などの文法現象につながっていると思われる。まず、次の二つの例文で日中語の事象認知の違いを観察したい。（第6章で挙げた例文を再度挙げることとし、以下前述の内容を認知的観点を加えて再度述べることとする。）

(16)　a．雨天的晩上开车真可怕。
　　　 b．雨の夜の運転は本当にひやひやする。＝私は〜ひやひやする。
(17)　a．我感到雨天的晩上开车真可怕。
　　　 b．私は雨の夜の運転は本当にひやひやする。

(16) bのように日本語では感情主の位置に「私」が現れなくても強制的に感情主を補って意味解釈される。「ひやひやする」という感情の主体として一人称以外の主語はむずかしいからであろう。それに対して中国語では、

(17) aのように、「我感到」を継ぎ足さなければ、明確に感情主を「私」と解釈することはできない。もとの文では「雨の夜の運転」が「危ない」という感情を伴わない評価判断を受ける。このような現象を観察すると、中国語では事象の認知が局面的であり、ものごとを客観的に離れたところから見ていることが判断される。「我」という主体がない限り、事象は「私」とは無関係に局面的に評価判断され客観的につきはなされた事実を述べるだけである。日本語では、事象を包括的にひとまとめに捉える傾向がある。「私」が介入してもしなくても、「ひやひやする」という述語に対応する視点は内側の「私」だけであり、これに二項対立する外界はひとまとめにされて、全部外側にある。

  (18) a．这个菜我好久没吃。
     b．この料理は懐かしい。

「懐かしい、つらい」などを中国人の日本語学習者に説明するのは難しい。状況を主観的、統括的にひとことで表現するという典型的な心理形容詞であるが、このような表現の習慣がない言語の話者にとっては理解し難いところである。中国語では、「長い間食べていない」（好久没吃）という動詞表現によって、この前食べた時から長いブランクがあったという具体的・局面的事実を述べるだけである。このように心理内面に関わる事象においても、中国語の事象認知は局面的客観的である。また、外的動作事象においても同様の傾向が観察される。

  (19) a．他吃了一个小时的饭。
     b．＊彼は一時間のご飯をたべた。（直訳）

(19) aの「一个小时的饭」（一時間のご飯）のように中国語では、事象そのものを「もの」のように時間から切り離して局面的・量的に認知できる。それに対して日本語では、「ご飯を食べる」というイディオム化した動作動詞から「ご飯」を切り離して「一時間の」という数量詞を付加することは不可能である。日本語では事象を時間との関わりによって認知するからである。
　また、中国語で、日本語によく見られるような数量詞遊離が起こり難いの

は、日本語が事象を全体的・包括的に捉え、数量詞は各事象の回数のように考えられるのに対して、中国語では数量詞は事象を表す名詞句を「もの」のように量的に束縛するので、分離不可能であり、全体より局面的な動作量を問題にしているからであると解釈される。前節で述べたような両言語の人称選択の相違を引き起こす視点の違いは、自己の内面にとどまるか、外側に移動するかの違いであった。視点を外側に移動し、自己を客観的に捉えるということは、自由に移動する視点から、時間の流れからも切り離されて、事象をありのままに局面的・具体的に認知するということである。「自己」の視点反射で述べた様に、中国語ではたやすく視点が移動し、無生物や話者の視点も含め、広い範囲から先行詞を設定し、視点反射が起こる。(16)～(19)で

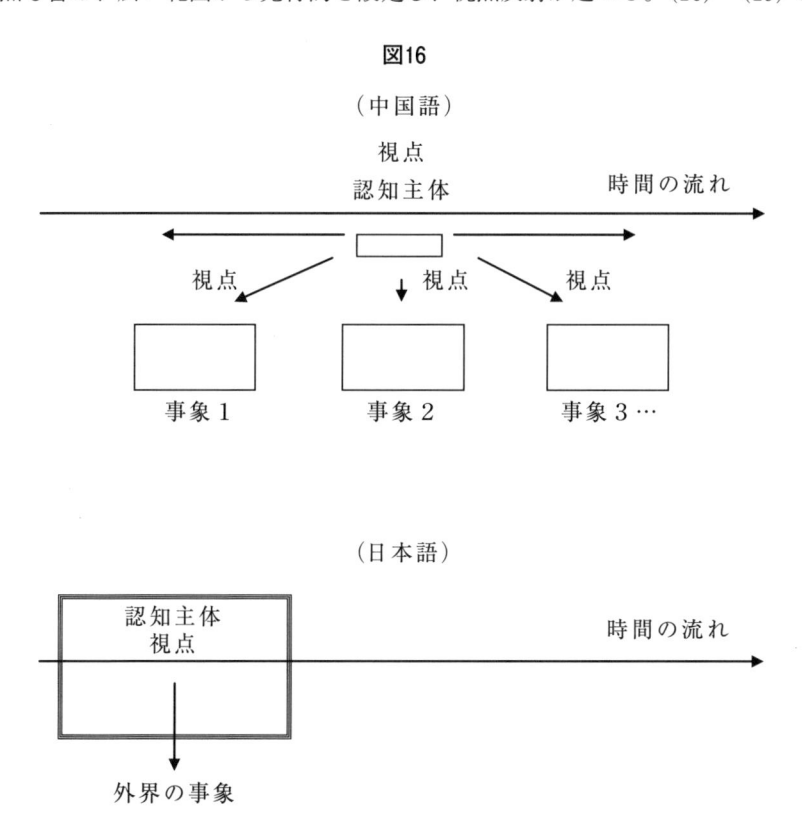

図16

(中国語)

視点
認知主体　　　　　　　時間の流れ

視点　　視点　　視点

事象1　　事象2　　事象3…

(日本語)

認知主体
視点　　　　　　　時間の流れ

外界の事象

挙げた諸現象は、すべて事象を局面的に認知した結果、現れたものであり、中国語の事象認知の有り様を浮き彫りにしている。同じく、上の例文に対応する日本語の例文から判断されることは、日本語では、事象認知の仕方が包括的であり、不動の自己内面の視点から外界を認知し、時間の流れの中で、内側も外側も一面的に見ているということである。これらの両言語の事象認知の相違が視点の置き方の違いにも反映し、更にさまざまな文法・語彙的相違を引き起こしていると考えられる。

日本語・中国語の事象認知の相違を図示すると図16のようになると思われる。

5．事象認知の相違と文法現象

日中語の事象認知の相違は、否定形式の文法的振る舞い方や語彙特性にも現れているが、いくつかの側面から調べたいと思う。まず否定形式を観察することとする。

5.1　否定形式の観察

否定形式の観察をするため、例として、心理動詞・心理形容詞の意味構造を挙げる。

〈中国語の心理動詞・心理形容詞（動態形容詞）[5]）及び日本語心理動詞〉

日中国語の心理動詞と中国語の心理形容詞（動態形容詞）をLCSで表すと次の様になると思われる。

　　a）[x EXPERIENCE]，（±CONTINUOUS）
　　b）[x ACT（y）]，（±CONTINUOUS）

心理自動詞「苦しむ（痛苦）」などはいずれもa）のタイプで表され、中国語の感情を表す動態形容詞もほぼ同様のタイプで表されると思われる。心理他動詞はb）で表され、心理世界での活動には上位から下位事象に継承される内項への働きかけがないので、変化結果の到達・達成が考えられず、開

始限界はあっても終了限界は含意しない。

〈中国語の状態動詞・静態形容詞・名詞文及び日本語の心理形容詞〉

また、中国語の状態動詞・静態形容詞・名詞文及び日本語の心理形容詞をLCSで表すと次の様になると考えられる。

　c) [BECOME [y BE AT [z]]]

日本語の心理形容詞は中国語の心理形容詞（動態形容詞）と比較して状態性はずっと強い。心理動詞・形容詞の距離が近い中国語と比較すると、語彙的な位置付けが不明瞭である。中国語では、否定の文法成分は「没」または「不」である。「没」は時間に関わる動きの否定であり、「不」は量に関わる状態の否定である。動作性が強い程、時間と関わり、動作性が弱い程、時間との関わりが希薄になる。心理活動動詞文、動態形容詞文は「没」でも「不」でも否定でき時間との関わりが強い。状態動詞文、静態形容詞（状態的・恒常的形容詞）文、名詞文は「不」でしか否定できず時間との関わりよりも量との関わりが強い。活動動詞・動態形容詞文が「不」で否定されるときは「習慣がない、傾向がない」という状態否定的な意味になる。

　a)、b)、c) において、[x EXPERIENCE, ACT (y)]（上位事象）までの部分は「没」が否定し、[(x) BECOME [y BE AT [z]]]（下位事象）の部分は「不」が否定すると考えられる。c) で表される中国語の状態動詞、静態形容詞、名詞文は、「不」のみが否定形式として選択される[6]。

　ⅰ) 上位事象の否定域

　a) [x EXPERIENCE], (±CONTINUOUS)

　b) [x ACT (y)]
　　　‿‿‿‿‿‿‿
　　　　　没

　ⅱ) 下位事象の否定域

　c) [(x) BECOME [y BE AT [z]]]
　　　‿‿‿‿‿‿‿‿‿‿‿‿‿‿‿‿‿‿‿
　　　　　　　　　不

以下、否定形式の例文を見ることとする。

　(20)　a．一个近三十岁的人没有爱过是令人悲哀的。

　　　　b．三十歳近くにもなって一度も人を好きになったことが<u>ない</u>ということは悲しいことだ。
(21)　a．我知道他<u>不</u>爱没有礼貌的学生。
　　　　b．私は彼が無遠慮な学生は好ま<u>ない</u>傾向があるのを知っている。
(22)　a．昨天买来的四川风味的菜<u>不</u>太好吃。
　　　　b．昨日買ってきた四川料理はあんまりおいしく<u>なかった</u>。
(23)　＊昨天买来的四川风味的菜没太好吃。

(20)は「爱」という上位事象を「没」が否定しており、(21)は「不」が「爱」に状態否定的に作用している。(22)では「好吃」という下位事象を「不」が否定し、(23)では「没」が下位事象で作用できないため非文となる。前節で述べたように中国語では事象認知が局面的であり、否定の文法形式にもこの傾向が見られ、上位事象の否定と下位事象の否定を二つの局面として切り離し、異なる否定成分がそれぞれを否定認知のスコープとして支配している。これに対し、日本語では「ない」という統一的な否定の文法成分が上位下位事象を包括的に否定するのである。

5.2　事象認知の相違と語彙的特徴

　中国語の語彙には局面によってそれぞれの細かい違いを分別して表現する傾向があり、特に動詞にその傾向が見られる。このような点にも事象認知の仕方と語彙的特徴との関わりが現れている。中国語は日本語と比べ語彙全体に対する動詞性語彙比率が高い（日本語の比率の約三倍と言われる）が、活用によるテンス・アスペクトの表現手段がないこととも相まってそれぞれの動作を局面的に細かく表現し分けるために動詞数が多くなっていると考えられる。

　また、動詞同士の結びつきや補語構造によって、生産的に更に細かい動詞性表現を生み出している。例えば、日本語では「激怒する」の類義動詞は多くないが、中国語では「大怒・狂怒・震怒・盛怒・暴怒」のように細かく表現される。また、「とてもうれしい」は「高兴得不得了・高兴死了」などの

補語構造を伴った動詞性表現の場合、より強調的な心理表現になる。
　言語によってそれぞれの品詞の語彙数比率に違いがあるが、これは事象認知と関係があると思われる。中国語では事象を具体的・局面的に認知するために、多様な動詞表現が必要とされ、動詞語彙が多様化したのではないかと思われる。

6．この章のまとめ

　日本語と中国語における動詞・形容詞の心理表現の相違や、人称制限などの文法現象の相違から、その要因となっていると思われる事象認知の違いについて考察し、さらに、それらと文法・語彙の関わりについて考察した。事象認知の違いについては、概観したに過ぎず、更に多くの側面からのより緻密な研究が必要であるが、本研究をひとつの手がかりとして今後も考察を続けていきたいと思う。しかし、人称制限などの日本語特有の心理表現の特徴は心理動詞の性質の特殊性によるものでなく、あくまでも表現法の習慣の相違や事象認知の仕方によるものであり、本質的な動詞性に関わるものではないということが明確になった。つまり、心理動詞主語の視点支配力の強さや人称制限などは、動詞自体の性質の特殊性として考えられ、アスペクトなどの時間的性質も外面から不可視であるという理由で状態的と捉えられることが多かったが、これらは心理事象を表現するという性質、日本語の視点固定的特質に由来し、動詞的性質は動作動詞と異なるところはないという事が言えるのである。
　視点が固定的で自己中心的であるという日本語の特徴は、敬語表現、やりもらい表現などでも見られ、上下関係に加えて「内・外」のどちらに視点が置かれるかで統語論的、語用論的制約がある。韓国語など他の言語でも、一部この様な文法現象は見られるが、韓国語の敬語表現では上下関係だけを反映し、「内・外」の制約は無いという。つまり「絶対敬語」であり、「内」の関係であっても「上」の場合には尊敬表現が使われる。「内・外」の関係が

言語表現に反映されるのは、「自分」と「それ以外」を厳しく分割し、それを言語に表すということであり、視点の置かれ方が自己、あるいは主観的な感情・心理を中心としているということである。心理表現文では、特にこの視点固定的な特質による影響を強く受けるので、日本語の心理表現文における諸現象の言語分析の際には、この特質が無視できない要素であると言えるであろう。

注

1） 中国人話者のアンケートの集計でほぼ全員「他」が主語として許容されると答えた。
2） 吉永（2003）「事象認知の日中対照」による。独語の人称選択について、日本語・中国語・英語で比較した。
3） 中国人インフォーマント50人のアンケート結果を集計し、多いものから提出した。それぞれ日本語の例文を中国語で表現するとどうなるかを問い、代表例を抽出し、対応する日本語の例文番号に'をつけて表記した。
4） 「～できない」は「不能～」という可能の否定形式で表されるが、この形式を用いると必然的に動詞表現となり、「下回吧！」（次はがんばろう）「没劲」（がっかりした）などの無動詞表現はなくなる。また、「真馋人呀！」（ああ食べたい）など「叫人～」「让人～」などの使役形をとらない形も多い。
5） 動詞と区別がつかない動詞的形容詞を指し、主に感情変化を表し中国語の心理形容詞の殆どがこの範疇に属する。動作動詞のみ共起できるアスペクト成分との共起が可能であり、否定形式との共起関係も動詞に近い。
6） 未来の事象の否定には上位下位事象とも「不」しか用いられず、過去の上位事象の否定には「没」しか用いられないという使用制限がある。

終章　結　語

　本研究は、心理動詞と動作動詞の接点について、時間的性質を中心に連用形接続や視点反射などの諸現象を手がかりに探っていくということが当初の目的であった。考察を通じて、心理動詞の文法的本質には動作動詞との共通点が多く、動詞分類上、同一分類としても差し支えないと言うことが明確になり、一定の収穫はあったと思われるが、最後にこれらの研究を振りかえりながら、残された問題点を確認していきたいと思う。

　連用形接続の分析では動詞との関係性を考察した。付帯用法では従属度の高さにより、前後節での主語の意味役割の一致や動詞性の統一が要求されるという点について一定の結論が得られたが、客体変化を表す動詞が選択されないことや、「ナガラ、ママ」などに置き換えできるものとできないものとの詳細なグループ分けなどの研究の余地が残されている。また、継起用法と因果用法の中間にあるものでは、心理動詞が選択されると因果解釈に傾くことが観察された。連用形接続などの接続力の比較的弱い接続法では心理動詞を選択することで前後節の視点の一致が明確になり、意味解釈を与えられやすくなることが関与していると思われる。このことは、視点の一致を要求する因果文では心理動詞、心理形容詞が多く選択されることにつながると思われる。並列用法では、前後節のどちらかに心理的評価的内容の述語が選択されると因果解釈に傾く現象が観察された。これらの因果文をめぐる動詞選択についても更に研究を続けたいと思う。

　心理動詞の時間的性質についての考察では、外的動作動詞との相違点について考え、心理動詞の時間的性質には「持続性」の含意の強弱が強く関わっていることを提案したが、「持続性」についても未解明の問題が多々残されており、動詞的性質における「持続性」の測定をより厳密に行い、その本質

をより精密にしていくことは今後の課題であると思う。

　また「持続性」の含意の弱い「驚く、あきれる」などのテイル形「驚いている、あきれている」については、その解釈について再考する余地があると思われる。限界性をもたない動詞の性質上、結果残存的な解釈ではありえず、また、持続的な「喜んでいる、悲しんでいる」などのはっきりとした進行解釈とは区別される。また、人称制限などの心理動詞特有の性質に関して、三人称主語でもテイル形にすると許容度が上がることも、今後の研究課題である。これらの「テイル形」の持つ特殊な意味についての詳細な研究も含めて、「〜と思う、〜と感じる」などの、心理表現であっても意見述べの慣用表現となっているものなど、生理動詞も含め心理動詞個別の研究も進めていく必要があると思われる。

　しかし、本研究を通じて、動詞の主要な性質であると思われる時間的性質について心理動詞は外的動作動詞群と同種であることが明確になり、特に限界性に関して、外的動作動詞と同様の振る舞いをすることなど、多くの共通点が観察された。この点については、まだ不十分であるとは言え、連用形接続の研究で生じた疑問点についての何らかの答えとはなったと思う。これは当初の目的であった心理動詞と動作動詞の接点の究明への有力な手がかりであると思われる。

　心理表現文の性質についての考察に関しては、中国語の心理表現との比較対照で、外的動作動詞との共通点は中国語でも共通していることがわかった。これらの考察で、人称制限などの心理動詞と外的動詞の相違はその時間的性質などの動詞本来の性質とは関係なく、むしろ、事象が現す世界の違いによるものであるという一応の結論は得ることができたと思う。「自分」や「自己」の振る舞い方を調べた結果、心理表現文ではこれらが共に動作動詞文とは異なった独自の振る舞いを見せており、事象の性質の違いが文法的現象に反映していることがわかった。本研究では視点を反射する成分として「自分」「自己」のみを研究対象としたが、人称代名詞や指示代名詞など他の視点反射成分に関しての観察も、この論旨の傍証となりうると思う。

また、「自己」の視点解釈がより客観的で移動的であることや、人称制限や独語の表現などの観察から、日本語の心理表現文の特質は、表現法の習慣的相違に加え、日本語の事象認知に関する特質、すなわち視点が話者に固定的に置かれること、主観的確信と他との区別が明確であること、などが関わっていることが理解された。

　つまり心理動詞や心理表現文での人称制限などの日本語特有の表現的特徴は、アスペクトなど動詞本来の性質とは関係なく、心理事象の表現という特殊性や表現方法の習慣的相違、また、視点への共感度や主観性が強いという日本語話者の事象認知の特徴から起因すると思われる。心理表現文では、この視点固定的な特質による影響を強く受けるので、日本語の心理表現文における諸現象には、この特質が無視できない要素であるということを強調したいと思う。しかし、事象認知の相違については統語現象だけでは解決できない部分があり、認知的知見も交えた考察が必要と思われ、この点についても今後の課題としたいと思う。

　心理動詞と動作動詞のインターフェイスについて、時間的性質を中心に連用形接続や視点反射などの諸現象によって探っていくという当初の研究目的は大方達成されたと思うが、同時に未知の領域も多く残されていることが判明した。これらの課題については今後も研究を続けていきたいと思う。

　以上、本研究でのささやかな収穫と多くの課題を確認して、結びの言葉としたいと思う。

〈参考文献〉

〈日本語文献〉
秋田喜美(2005)日本語の擬態語心理表現における身体性」KLS第30回記念大会レジュメ
浅田秀子(1996)「いらいらする他」『日本語学』15-3号、明治書院
池上嘉彦(1981)『「する」と「なる」の言語学』大修館書店
池上嘉彦(2002)「認知意味論」『日本言語学会夏期講座Seminar Handbook』
池谷知子(2001a)「「かけ」構文の意味機能」*KLS* 21、関西言語学会
池谷知子(2001b)「複合動詞「〜だす」と限界性」KLS第26回研究発表レジュメ
井上優・黄麗華(2000)「否定から見た日本語と中国語のアスペクト」『現代中国語研究』第1号、朋友書店
井上　優(2001)「日本語研究と対照研究」『日本語文法』1巻1号、くろしお出版
上山あゆみ(1989)「FOCUSの『が』と日本語の句構造」*KLS* 9、関西言語学会
内丸裕佳子(2006)「形態と統語構造との相関—テ形節の統語構造を中心に—」、筑波大学博士学位請求論文
江口　正(1997)「「とか」「たり」「など」等による句の分布と品詞性—「同格的連帯句」の分布を通して—」第10回日本語文法談話会ハンドアウト
大河内康憲(1990)「日本語と中国語の語彙の対照」『講座日本語と日本語教育第7巻』、明治書院
大谷晋也(1996)「「気」の慣用句の結合度」『日本語学』15-7号、明治書院
奥田靖雄(1978)「アスペクトの研究をめぐって（上）（下）」『教育国語』53号〜54号、むぎ書房
奥田靖雄(1985)『ことばの研究・序説』むぎ書房
奥田靖雄(1988)「時間の表現1、2」『教育国語』94、95号、むぎ書房
影山太郎(1993)『文法と語形成』ひつじ書房
影山太郎(1996)『動詞意味論』くろしお出版
加藤陽子(1995a)「テ形節分類の一試案、従属度を基準として」『世界の日本語教育』5、国際交流基金、日本語国際センター
加藤陽子(1995b)「複文の従属度に関する考察、主節のモダリティを中心にして」*WORKING PAPERS on LANGUAGE AQUISITION AND EDUCATION*国際大学大学院国際関係学科語学プログラム

神尾昭雄(1990)『情報のなわ張り理論』大修館書店
神尾昭雄(2002)『続・情報のなわ張り理論』大修館書店
川端善明(1983)「副詞の条件」渡辺実（編）『副用語の研究』所収、明治書院
甘露統子(2004)「人称制限と視点」『言葉と文化』第5号、名古屋大学大学院国際言語文化研究科日本言語文化専攻
木村英樹(1996)「動詞接尾辞"了"の意味と表現機能」『大河内康憲教授退官記念中国語学論文集』東方書店
金水　敏(1991)「「報告」についての覚書」『日本語のモダリティ』くろしお出版
金田一春彦(1950)(1976)「国語動詞の一分類」『日本語動詞のアスペクト』むぎ書房
工藤真由美(1995)『アスペクト・テンス体系とテクスト』ひつじ書房
国広哲弥(1995)「言語の認知的側面」『日本語学』14-9号、明治書院
久野　暲(1978)『談話の文法』大修館書店
グループ・ジャマシイ編著(1998)『日本語文型辞典中国語訳』くろしお出版
言語学研究会・構文論グループ(1988)「なかどめ―動詞の第二なかどめのばあい―」『言語学研究会の論文集・ことばの科学2』言語学研究会（編）、むぎ書房
言語学研究会・構文論グループ(1989)「なかどめ―動詞の第一なかどめのばあい―」『言語学研究会の論文集・ことばの科学3』言語学研究会（編）、むぎ書房
言語学研究会・構文論グループ(1990)「なかどめ―動詞の第一なかどめと第二なかどめの共存のばあい―」『言語学研究会の論文集・ことばの科学4』、言語学研究会（編）、むぎ書房
呼 美 蘭(2002)「再帰表現"自己"について」『中国語学』249日本中国語学会
国立国語研究所(1985)『現代日本語動詞のアスペクトとテンス』秀英出版
迫田久美子(2002)『第二言語習得研究』アルク
定延利之(2000)『認知言語論』大修館書店
芝谷方良(1982)『言語の構造、意味統語論』くろしお出版
柴谷方良(2000)「ヴォイス」仁田義雄他（編）『日本語の文法1：文の骨格』岩波書店
鈴木智美(2004)「「～だの～だの」の意味」『日本語教育』121号、日本語教育学会
宗田安巳（1991a)「日本語の継起表現と因果関係」大阪外国語大学修士論文
宗田安巳（1991b)「継起表現『P－て、Q』と因果関係」『日本語・日本文化』17、

大阪外国語大学留学生別科・日本語学科

高橋太郎(1983)「構造と機能と意味、動詞の中止形とその転成をめぐって」『日本語学』2-12号、明治書院

高橋太郎(1995)『動詞の研究』むぎ書房

田窪行則(1987)「統語構造と文脈情報」『日本語学』6-5号、明治書院

田窪行則・金水敏(2000)「複数の心的領域による談話管理」、坂原茂（編）『認知言語学の発展』ひつじ書房

張　麟声(1998)「原因・理由を表す「して」の使用実態について―「ので」との比較を通して―」『日本語教育』96号、日本語教育学会

張　麟声(2001)『日本語教育のための誤用分析』スリーエーネットワーク

坪本篤郎(1993)「条件と時の連続性」『日本語の条件表現』くろしお出版

坪本篤郎(1995)「文連結と認知図式」『日本語学』14-3号、明治書院

寺村秀夫(1991)『日本語のシンタクスと意味第Ⅲ巻』くろしお出版

中右　実(1995)『認知意味論の原理』大修館書店

中川裕志(1997)「複文における因果性と視点」『視点と言語行動』くろしお出版

中俣尚己(2007)「日本語並列節の体系―「ば」・「し」・「て」・連用形の場合―」『日本語文法』7巻1号、日本語文法学会、くろしお出版

成田徹男(1983)「動詞の『て』形の副詞的用法」『副用語の研究』所収、明治書院

西尾寅弥(1972)『形容詞の意味・用法の記述的研究』秀英出版

仁田義雄(1982)「動詞の意味と構文、テンス・アスペクトをめぐって」『日本語学』1-1号、明治書院

仁田義雄(1991)『日本語のモダリティと人称』ひつじ書房

仁田義雄(1995)「シテ接続をめぐって」『複文の研究上』所収、くろしお出版

野田尚史・迫田久美子・渋谷勝己・小林典子(2001)『日本語学習者の文法習得』大修館書店

坂東美智子(2001)「心理動詞と心理形容詞」影山太郎（編）『日英語対照動詞の意味と構文』第3章、69-97、大修館書店

藤井　正(1976)「「動詞＋ている」の意味」『日本語動詞のアスペクト』むぎ書房

堀川智也(1991)「心理動詞のアスペクト」『言語文化部紀要』第21号、北海道大学

堀川智也(1994)「文の階層性を考えることの意味」『日本語・日本文化研究』第4号、大阪外国語大学日本語講座

益岡隆志(1993)「条件表現と文の概念レベル」『日本語の条件表現』くろしお出版

松村　明(1988)『大辞林』三省堂

松本洋子・池上信子・王燕玲(2004)『病院で困らないための中国語と英語』サンセール
南不二男(1974)『現代日本語の構造』大修館書店
南不二男(1993)『現代日本語の輪郭』大修館書店
三原健一(1979)「『凍結度』の概念と統語現象」『富山大学教養部紀要人文・社会科学篇』第12号
三原健一(1992)『時制解釈と統語現象』くろしお出版
三原健一(1994)『日本語の統語構造』松柏社
三原健一(1995)「概言のムード表現と連体修飾」『複文の研究下』くろしお出版
三原健一(1997)「動詞のアスペクト構造」『ヴォイスとアスペクト』日英語比較選書7　研究社
三原健一(1998)「数量詞連結構文と「結果」の含意〈上〉、〈中〉、〈下〉」『月刊言語』No.6, 86-95, No.7, 94-102, No.8, 104-113、大修館書店
三原健一(2000)「日本語心理動詞の適切な扱いに向けて」『日本語科学』第8号、国立国語研究所
三原健一(2002a)「動詞類型とアスペクト限定」『日本語文法』2巻1号、くろしお出版
三原健一(2002b)「自分のことが本当に分かっているの？」『日本語・日本語文化研究』第12号、大阪外国語大学日本語講座
三原健一(2004)『アスペクト解釈と統語現象』松柏社
三原健一(2006)「限界性の起源」『日本語文法』6巻2号、くろしお出版
宮島達夫(1972)『動詞の意味・用法の記述的研究』国立国語研究所報告44、秀英出版
村木新次郎(1991)『日本語動詞の諸相』ひつじ書房
睦　宗均(2004)『動詞のアスペクトの研究―内的時間構造を中心に―』大阪外国語大学博士論文シリーズVol.36
森本順子(1979)「て形の機能について」大阪外国語大学修士論文
森山卓郎(1988)『日本語動詞述語文の研究』明治書院
森山卓郎(1995)「並列述語構文考―「たり」「とか」「か」「なり」の意味用法をめぐって―」仁田義雄（編）『複文の研究上』くろしお出版
柳沢浩哉(1992)「シテイル形式の報告性」『地域文化研究』第18巻、広島大学総合科学部紀要Ⅰ
山岡政紀(2000)『日本語の述語と文機能』くろしお出版

山梨正明(1995)『認知文法論』ひつじ書房
山梨正明(1999)「外界認知と言葉の世界―空間認知と身体性の問題を中心に―」『日本語学』18-9号、明治書院
由本陽子(2004)「「V＋かえる」と「V＋直す」の意味と交替可能性について」日本語文法学会第5会大会発表論文集
由本陽子(2005)『複合動詞・派生動詞の意味と統語』ひつじ書房
吉永　尚(1995)「なかどめ形節分類についての考察」『日本語・日本文化研究』第5号、大阪外国語大学日本語講座
吉永　尚(1996)「なかどめ形節分類についての考察」修士論文、大阪外国語大学
吉永　尚(1997a)「心理動詞の意味規定とその特性について」『日本語・日本文化研究』第7号、大阪外国語大学日本語講座
吉永　尚(1997b)「付帯状況を表すテ形動詞と意味分類」『日本語教育』95号、日本語教育学会
吉永　尚(1998a)「心身の状況を表す擬態語動詞をめぐって」『日本言語学会第117大会予稿集』日本言語学会
吉永　尚(1998b)「心理動詞の意味的統語的観察」『日本語・日本文化研究』8号、大阪外国語大学日本語講座
吉永　尚(1999)「心理動詞の意味的考察」*KLS* 19、関西言語学会
吉永　尚(2001)「心理動詞表現における日中対照」『日本語文法学会第2回大会発表論文集』日本語文法学会
吉永　尚(2003)「事象認知の日中対照」『園田学園女子大学論文集』第38号
吉永　尚(2004a)「「自分」と「自己ziji」」『日本言語学会第129回大会予稿集』日本言語学会
吉永　尚(2004b)「「自分」の本質について」『日本語文法学会第5回大会発表論文集』日本語文法学会
吉永　尚(2005)「テ形接続に見られる誤用について」『日本語教育学会秋季大会予稿集』日本語教育学会
劉　綺紋(2002)「状態パーフェクトとしての"-著"」『言語文化学』Vol.11、大阪大学言語文化学会
劉　月華(1996)『現代中国語文法総覧』くろしお出版

〈英語・中国語文献〉

Akmajian, A., Steel,s.and Wasou,T. (1979) The Category AUX in Universal

Grammer, *LI.* 10:1

Bouchard, D. (1995) *The semantics of syntax*, University of Chicago Press.

Cole and Li-May Sung (1990) Principles and Parameters of Long-Distance Reflexives. *Linguistic Inquiry* 21:1

Endo, Yoshio and Mihoko zushi (1993) Stage/Individual-level psychological predicates. H. Nakajima and Y. Otsu (eds.) *Argument Structure*. Kaitakusha. 17-34.

Fujita, K. (1993) Object Movement and Binding at LF. *Linguistic Inquiry* 24:2

Grimshaw, J. (1990) *Argument Structure*. MIT Press.

Hatori, Yuriko (1997) "On the Lexical Conceptual Structure of Psych-Verbs", *Verb Semantics and Syntactic Structure*, Edited by Taro Kageyama, Kurosio Pub.15-44

Hooper, Joan B. (1975) "On Assertive Predicates" J. Kimball (ed.) *Syntax and Semantics* 4, Academic Press.

Hopper, P. and S.Thompson (1980) Transitivity in Grammar and Discourse. *Language* 56-2.

Howard, I. and A. M. Niyekawa-Howard (1976) In M.Shibatani (ed.) *Syntax and Semantics 5: Japanese Generative Grammar*. Academic Press.

胡裕树主编 (1962) 『现代汉语』上海教育出版社

Huang, C-T.J.and C.-C.J.Tang (1991) The Local Nature of the Long-distance Reflexive in Chinese. In J.Koster and E. Reuland (eds.) *Long-Distance Anaphora*.Cambridge University Press.

Jacobsen, W. M. (1991) *The Transitive Structure of Events in Japanese*, Kurosio Pub.

Kishimoto, Hideki (1996) "Split Intransitivity in Japanese and the Unaccusative Hypothesis", *Language* Vol.72, No.2,248-286

Kuno,S and E.Kaburaki (1977) Empathy and Syntax. *Linguistic Inquiry* 8:4

Lakoff, G. (1987) *Women, Fire, and Dangerous Things*, University of Chicago Press.

Leech, G. (1987) *Meaning and the English Verb*, Longman.

Levin, B. (1993) *English Verb Classes and Alternations*, University of Chicago Press.

Levin, B. and M. Rappaport Hovav (1995b) *Unaccusativity*, MIT Press.

Li Yafei (1990) On V-V Compounds in Chinese. *Natural Language & Linguistic Theory* Vol.8, No.2.

刘月华他 (1983) 『实用现代汉语语法』外语教学与研究出版社

McCawley, N.A. (1976) Reflexivization: A Transformational Approach. In M. Shibatani (ed.) *Syntax and Semantics 5: Japanese Generative Grammar*. Academic Press.

Mittwoch, A. (1988) Aspects of English: On the Interaction of Perfect, Progressive and Durational Phrases. *Linguistics & Philosophy*, 11:2

Pesetsky, D. (1995) *Zero Syntax: Experiencers and Cascades*, MIT Press.

Pollard, C. and I.Sag (1992) Anaphors in English and the Scope of Binding Theory. *Linguistic Inquiry* 23:2

Postal, P. M. (1971) *Cross-Over Phenomena*, Holt, Rinehart and Winston.

Smith, Carlota S. (1983) *Studies in Linguistics and Philosophy*,Vol.43,Kluwer Academic Pub.

Smith, Carlota S. (1997) *The Parameter of Aspect* , Kluwer Academic Publishers.

Sybesma, Rint (1997) Why Chinese Verb-Le is a Resultative Predicate. *Journal of East Asian Linguistics* Vol.6, No.3.

Tsujimura, Natuko (1998) *Lexical Semantics and its Role in Japanese Linguistics*, KLS Summer Primary Lectureship,at Kobe University.

Vendler, Zeno (1967) *Linguuistics and Philosophy*. [Chapter 4: Verbs and Times, originally published in Philosophical Review 56 (1957)] , Cornell University Press.

张国宪 (1995)「现代汉语的动态形容词」『中国语文』中国社会科学院语言研究所

张国宪 (1998)「现代汉语形容词的体及形态化历程」『中国语文』中国社会科学院语言研究所

张国宪 (2002)「现代汉语形容词的体范畴论纲」『日本語と中国語のアスペクト』白帝社

Zribi-Hertz, A. (1989) Anaphor Binding and Narrative Point of View: English Reflexive Pronouns in Sentence and Discourse. *Language* 65:4

〈用例出典〉

第1章

(水) (デ) (飢) 安部公房 (1973)『水中都市・デンドロカカリヤ』新潮文庫

(華) 有吉佐和子(1970)『華岡青洲の妻』新潮文庫

(新) 井上ひさし(1976)『新釈遠野物語』新潮文庫

(楼) (洪) (異) 井上靖(1968)『楼蘭』新潮文庫

（キ）内田春菊（1995）『キオミ』ベネッセ
（海）遠藤周作（1960）『海と毒薬』新潮文庫
（あ）小松左京（1982）『ある生き物の記録』集英社文庫
（暗）志賀直哉（1951）『暗夜行路』新潮文庫
（七）筒井康隆（1975）『七瀬ふたたび』新潮文庫
（上）横光利一（1932）『上海』講談社文芸文庫

第7章
『日経ビジネス』2000/11/27日経BP社
『朝日新聞』「アスリート列伝」2004/6/1夕刊
『朝日新聞』「変身塾・ナルンダ国物語」2004/9/9夕刊
『小説すばる』2004/9集英社
http://www.mainichi-msn.co.jp/today/news/20070701k.

あとがき

　今までの研究生活を振り返ると、私が動詞の研究に興味を持つようになったきっかけは、大阪外国語大学（現大阪大学）大学院の時に受けた、様々な文法研究の授業であったと思います。

　基本的なことも理解していなかった当時は先生方のお話についていくのが精一杯でしたが、それでも、数々の文法研究の知見に非常に新鮮な魅力を感じたことは、昨日の事の様に覚えています。

　特に、三原健一先生のゼミでの動詞のアスペクト研究に関するディスカッションは、私にとって、研究の方向付けをする上で、とても重要であったと思います。時として、授業での議論は高度すぎて分からなくなることもありましたが、いつも心の底できらりと光る知的な興奮を覚えることができました。

　この知的興奮を、何とかして論文という形に昇華させようと、以来十数年、悪戦苦闘を続けてきたわけなのですが、ようやく今までの研究をひとつにし、博士論文としてまとめるに至りました。まだまだ残された問題点も多く、不十分な研究ではありますが、この論文は私にとって、今まで来た道を振り返り、今後進むべき道を照らす、道標のようなものになったと思います。

　本書は、「心理動詞と動作動詞の類比的研究―時間的性質を中心に―」と題する博士論文（大阪大学）を改稿したものであります。日々の校務に追われ、思うように研究が進まない時もありましたが、途中で放棄せず研究を続けて来られたのは、ひとえに周囲の方々のお蔭であると思います。

　在学中は指導教官として、また大学院修了後も引き続きゼミに参加させて頂き、いつも役に立つ的確なアドバイスと暖かい励ましの言葉を下さった三原先生に、心からの謝辞を述べたいと思います。また、私が研究に興味を持

つきっかけとなった、様々な授業を当時受け持たれていた、仁田義雄先生、小矢野哲夫先生、堀川智也先生にも心から感謝の意を表したいと思います。

　社会人として入った大学院での勉強は、私にとって決して楽ではありませんでした。しかし、これらの日本語講座の先生方や大学院の先輩方、そして、時には議論し合い、時には励まし合った友人たちが常に私の周りにいて暖かく支えて下さいました。

　また、学部時代には、大河内康憲先生、故伊地智善継先生に中国語を基礎から教えて頂き、言語研究の世界を垣間見ることができました。後年、社会人であった私に大河内先生は大学院進学を熱心に勧めて下さり、これが研究生活を始める出発点となった事に深く感謝しています。

　大学院修了後も、研究を通じて知り合った友人が次第に増え、彼らからも研究を続けるために必要なことをいろいろと教えていただきました。また、大阪外国語大学の言語学クラスの学生の皆さんには、例文などに関し有益なご指摘を頂きました。本論文を完成させるに当たり、多くの方々のご指導、ご教示を頂いたことに対して、この場を借りて感謝の言葉を述べたいと思います。

　そして、私の健康と論文の完成をいつも祈ってくれた老父母の存在も、時として挫けそうになる心の支えでありました。

　最後に、研究が行き詰まって元気がない時にはいつも明るい態度で気分転換させてくれた二人の息子と夫に、心から感謝したいと思います。

■ 著者紹介

吉永　尚（よしなが　なお）

〈略歴〉
1956年　大阪府生まれ
1974年　大阪府立天王寺高等学校卒業
1978年　大阪外国語大学外国語学部中国語学科卒業
1996年　大阪外国語大学大学院言語社会研究科博士前
　　　　期課程国際言語社会専攻日本コース修了
現在、園田学園女子大学准教授、大阪大学非常勤講師

〈主要論文〉
「心理動詞の意味規定とその特性について」（『日本
　　語・日本文化研究』第7号81-98、1997）
「付帯状況を表すテ形動詞と意味分類」（『日本語教育』
　　95号73-84、1997）
「心理動詞の意味的考察」（KLS 19、175-185、1999）

心理動詞と動作動詞のインターフェイス

2008年4月25日　初版第1刷発行

著　者　　吉　永　　　尚

発行者　　廣　橋　研　三

　　　　　〒543-0002 大阪市天王寺区上汐5-3-8
発行所　　有限会社　和　泉　書　院
　　　　　　　　　　電話 06-6771-1467
　　　　　　　　　　振替 00970-8-15043
　　　　　　　　　　印刷・製本　亜細亜印刷

ISBN978-4-7576-0466-7 C3081

══ 研究叢書 ══

書名	著者	番号	価格
文化言語学序説　世界観と環境	室山　敏昭 著	316	13650 円
古代の基礎的認識語と敬語の研究	吉野　政治 著	327	10500 円
ある近代日本文法研究史	仁田　義雄 著	330	8925 円
形容詞・形容動詞の語彙論的研究	村田　菜穂子 著	338	13650 円
関西方言の広がりとコミュニケーションの行方	陣内　正敬／友定　賢治 編	339	9450 円
日本語の題目文	丹羽　哲也 著	340	10500 円
日本語談話論	沖　裕子 著	343	12600 円
ロシア資料による日本語研究	江口　泰生 著	345	10500 円
日本語方言の表現法　中備後小野方言の世界	神部　宏泰 著	348	11550 円
複合辞研究の現在	藤田　保幸／山崎　誠 編	357	11550 円

（価格は5％税込）